JULES SANDEAU.

FERNAND.

PARIS
DESESSART ÉDITEUR,
8, RUE DES BEAUX-ARTS.

1844

FERNAND.

ROMANS

DE MADAME LA COMTESSE DASH.

	vol.	fr.	c.
LE JEU DE LA REINE............	2 in-8	15	»
MADAME LOUISE DE FRANCE.......	1 in-8	7	50
L'ÉCRAN................	1 in-8	7	50
MADAME DE LA SABLIÈRE.........	1 in-8	7	50
LA CHAÎNE D'OR.............	1 in-8	7	50
LE FRUIT DÉFENDU............	4 in-8	50	»
LA MARQUISE DE PARABÈRE.......	2 in 8	15	»
LES BALS MASQUÉS............	2 in-8	15	»
LE COMTE DE SOMBREUIL.........	2 in-8	15	»
LE CHATEAU DE PINON..........	2 in-8	15	»

MILLA ET MARIE, par *J. Sandeau*.....	2 in-8	15	»
LE CAFÉ DE LA RÉGENCE, par *A. Houssaye*.....	2 in-8	15	»
ALLAN CAMÉRON, par *Sir Walter-Scott* (2ᵉ édition).	2 in-8	15	»
UNE LARME DU DIABLE, par *Th. Gautier*.....	1 in-8	7	50
LA COMÉDIE DE LA MORT, par *Th. Gautier*....	1 in-8	7	50
SUZANNE et la CONFESSION DE NAZARILLE, par *E. Ourliac*	2 in-8	15	»
LA COMTESSE ALVINZI, par *le marquis de Foudras*.	2 in-8	15	»
FERNAND, par *Jules Sandeau*........	1 in-8	7	50
LA TOUR DE BIARITZ, par *Élisa de Mirbel*...	1 in-8	7	50

ALPHONSE ESQUIROS.

LES VIERGES FOLLES............	1 vol. in-32	1 fr.
LES VIERGES MARTYRES..........	1 vol. in-32	1 fr.
LES VIERGES SAGES............	1 vol. in-32	1 fr. 25

JULES SANDEAU.

FERNAND.

PARIS
DESESSART, ÉDITEUR,
8, RUE DES BEAUX-ARTS.

1844

Fernand de Peveney à Karl Stein.

Tu l'as voulu, je suis parti, j'ai fui. D'ailleurs, j'étais au bout de mes forces et de mon courage. Quelle vie! quel enfer! Non, il n'est pas d'enfer qui ne soit doux après une pareille vie. D'où vient donc que mon cœur est triste jusqu'à la mort? d'où vient qu'au lieu de l'enivrer, le sentiment de sa prochaine délivrance le torture et le déchire? Tu m'avais promis la joie du prisonnier qui voit tomber ses chaînes : les cris seuls de mon désespoir ont salué jusqu'ici mon acheminement à la liberté. Combien de temps a duré ce voyage? Un jour, un siècle, je ne sais. Les arbres qui fuyaient sur le bord de la route m'apparaissaient comme des ombres éplorées; j'entendais des sanglots dans les sifflements de la bise. Pourrai-je dire jamais les luttes et les combats que j'ai livrés et soutenus contre moi-même durant ce funeste trajet? Une fois, ne sentant plus en moi l'énergie de ma résolution, j'ai fait tourner bride aux chevaux; mais en apercevant, du haut d'une colline, Paris comme un gouffre béant à l'horizon, saisi d'épouvante, j'ai consulté mon cœur et repris tristement le chemin de la solitude. J'arrive enfin : j'ai revu sans plaisir et sans émotion les ombrages paternels et la demeure où je suis né. Ma tête est en feu ; une ardente inquiétude m'agite et me dévore. Que se passe-t-il ? que va-t-il se passer? Que résultera-t-il du coup affeux qu'il me reste à porter? A ces questions, ma raison se perd. Toi cependant, unique confident de cette lamentable histoire, prends pitié de deux infortunés ; soutiens-les l'un et l'autre dans cette dernière épreuve. Dirige la main qui veut et qui n'ose frapper ; le coup porté, sois tout entier à la victime.

Karl Stein à Fernand de Peveney.

Du calme, du sang-froid ! Tâchons de ne point mettre à tout ceci plus de solennité que la situation n'en comporte. Dis-toi bien d'abord qu'il ne t'arrive rien que de simple et de très-vulgaire : tous les hommes ont passé par là. Ton histoire court les rues ; tu l'as coudoyée vingt fois sans t'en douter. Ne te flatte donc pas de l'idée que tu as ouvert une nouvelle voie, et que tu explores en ce moment des terres inconnues et des landes désertes. Sache au contraire que tu viens d'entrer dans un chemin battu, où tu ne saurais manquer de rencontrer bonne et nombreuse compagnie. Je conviens que la route est rude, et que tous ceux qui l'ont faite avant toi n'en ont emporté ni les ronces ni les épines ; mais il ne faut, pour en sortir, qu'un peu de courage et de volonté : nous en aurons, Fernand ; tu me l'as promis et j'y compte.

Tu es parti, c'est bien. En ces sortes d'exécutions, mieux vaut frapper de loin que de près ; la main est plus ferme, le trait plus assuré. On n'assiste point aux convulsions de la victime, on n'entend point ses cris, on ne voit point ses larmes, et l'on échappe ainsi au spectacle le plus déplorable que

puisse offrir la passion aux abois. Ajoute
que la victime elle-même en est plus calme
et plus résignée, car en ceci les femmes ressemblent fort aux enfants, qui tombent et
se relèvent sans pleurer, s'il n'est personne
autour d'eux pour les plaindre et les consoler.

Tu souffres et tu t'effraies du coup qu'il
te reste à porter : c'est ainsi que dans les jeunes âmes, il survit longtemps à l'amour un
sentiment d'honneur et de probité impérieux
autant que la passion. On aime avec sa
conscience longtemps après qu'on a cessé
d'aimer avec son cœur. Je suis convaincu,
toutefois, qu'en retranchant de ses scrupules
l'orgueil et la vanité qui s'y mêlent, on se
sentirait plus tranquille. Quelle étrange présomption de croire que, parce qu'on quitte
une femme, cette femme n'a plus qu'à se

jeter par la fenêtre, à moins qu'elle ne préfère se laisser mourir de chagrin ! Les femmes en rient entre elles. Je soupçonne, pour ma part, qu'il leur déplait moins d'être quittées que nous ne nous plaisons à le croire. La preuve en est que, lorsque nous leur restons, ce sont elles qui nous abandonnent. Rassure-toi donc, et ne t'exagère pas avec trop de complaisance la gravité du mal que tu vas faire ; sois humble, tu seras soulagé. Que se passe-t-il ? Jusqu'à présent rien que je sache. Que va-t-il se passer ? Dieu seul le peut savoir. Quoiqu'il arrive, sois sûr que l'harmonie universelle n'en sera point troublée.

Ami, crois-moi, hâte-toi d'en finir avec cette vie qui n'a plus pour excuse l'entraînement, l'amour et le bonheur ; arrache-toi de ce ténébreux abîme dans lequel tu viens d'enfouir les plus belles années de ta jeunesse. Aujourd'hui, il en est temps encore; demain, peut-être, il serait trop tard. Je ne me donne ni pour un quaker ni pour un puritain : je ne fais profession ni de vertu ni de morale, je hais les pédants et les cuistres, les hypocrites et les cafards; mais lorsqu'on s'est attardé trop longtemps dans ces liaisons que réprouve le monde, je sais à quel prix on en sort, heureux lorsqu'on peut en sortir! On s'y abandonne aisément; il semble qu'on sera toujours maître de reprendre sa place au soleil dans cette société dont on a fait si bon marché d'abord, et à laquelle il faut tôt ou tard revenir. En effet, voici qu'un beau jour on sent s'éveiller en soi le sentiment de l'ordre et du devoir, l'instinct de la famille, le besoin des affections permises; mais lorsque, tendant la main vers ces trésors follement dédaignés, nous voulons franchir la distance qui nous en sépare, bien souvent il arrive qu'épuisés par de vains efforts, nous retombons dans le gouffre que nous avons creusé nous-mêmes, et qui finit par nous engloutir. Combien d'existences ainsi perdues qui promettaient au début d'être honorables et fécondes ! Que d'infortunés, retenus au passé par un clou de fer, qui voient se fermer à jamais devant eux les portes d'or de l'avenir ! Tu es jeune, tu peux tout réparer ; hâte-toi, ne croupis pas plus longtemps dans ce bagne infect qu'on nomme l'adultère. C'est toi qui l'as dit, quelle vie ! quel enfer ! C'était bien la peine, pour en venir là, de trahir le plus noble cœur qui ait battu dans une poitrine humaine !

Le jour même de ton départ, je me suis présenté chez le comte. Je l'ai trouvé seul au salon ; sous prétexte d'une forte migraine, madame de Rouèvres s'était retirée de bonne heure dans son appartement. Aussitôt qu'il m'a vu entrer : — Vous savez, m'a-t-il dit en venant à moi, que Fernand est parti? — Oui, lui ai-je répondu, et je crains que son absence ne se prolonge au-delà de nos prévisions. — Tant pis, a répliqué M. de Rouèvres, il nous manquera, nous l'aimons beaucoup. Vous me voyez tout attristé de son départ. — Je me suis assis, nous avons causé; ton nom est revenu plus d'une fois dans notre entretien. — J'espère bien, m'a-t-il dit, que ce n'est pas un embarras d'affaires qui l'oblige à quitter Paris : s'il en était autrement, je ne pardonnerais pas à Fernand de ne s'être point adressé à moi. Il avait remarqué ta tristesse en ces derniers temps, tes attitudes silencieuses, ton air sombre, ton front rêveur; il craignait que son amitié n'eût été trop discrète et trop réservée. Plus d'une fois j'ai voulu changer le cours de la conversation, mais c'est toujours à toi qu'il a fallu revenir. Ton avenir le préoccupe. — Il est temps, m'a-t-il dit que Fernand songe sérieusement à utiliser les dons que lui a octroyés le ciel. Il n'est pas d'homme, quelque richement que l'ait doté le sort, qui doive se croire affranchi de la nécessité du travail. Nous ne recevons qu'à la condition de rendre, et plus la destinée nous a favorablement traités, plus nous avons d'obligations vis-à-vis de nous-mêmes et de nos semblables. A ce compte, nous avons le droit de beaucoup exiger de notre jeune ami. — A vrai dire, j'avais le cœur navré de l'entendre parler de la sorte; j'en rougissais pour toi. Je sais qu'en général on aime à s'égayer aux dépens des maris. Volontiers on se raille de leur fol aveuglement et de leur confiance devenue proverbiale; mais, quand cette confiance et cet aveuglement ne sont pas autre chose que la noble sécurité d'un esprit honnête et d'une âme chevaleresque, le monde n'en rit plus, et c'est sur ceux qui en abusent que retombent le blâme et la honte. En bonne conscience, t'es-tu jamais demandé à quelle supériorité personnelle tu dois d'avoir enlevé à cet homme l'amour et l'honneur de sa femme? Je me suis souvent posé cette question, et je t'avoue brutalement que je n'ai jamais pu y répondre. Il est vrai que vis-à-vis de la comtesse, tu as eu l'immense avantage de ne pas être son mari. Et puis, M. de Rouèvres doit manquer nécessairement d'idéal et de poésie! C'est une nature froide et positive qui n'entend rien, je le jurerais, au jargon des âmes imcomprises. Il n'en faut pas plus, par le temps qui court, pour tout justifier aux yeux de la passion ; seulement les honnêtes gens commencent à trouver que cela fait pitié.

Allons, point de faiblesse ! Les choses se passeront cette fois comme toujours : larmes, sanglots, imprécations, prières ; on voudra se tuer, on se consolera.

Fernand de Peveney à Karl Stein.

Lis la lettre que je reçois. Si telle est sa douleur pour une séparation qu'elle croit momentanée, quel sera son désespoir lorsqu'elle apprendra que c'est d'une rupture qu'il s'agit, d'une séparation éternelle ! Tu penses la connaître, tu ne la connais pas ; tu ne sais pas à quel excès la passion peut pousser cette tête exaltée. Orgueil ou pitié, j'hésite et je tremble. Ne hâtons rien, ne précipitons rien ! C'est un cœur digne à tous égards de soins et de ménagements ; laisse-moi le préparer peu à peu au sacrifice, et l'y conduire, s'il est possible, sans trop de déchirements et par d'insensibles détours. Le ciel m'est témoin que, si je n'écoutais que ma fatigue et mon impatience, j'en finirais sans plus attendre ; mais de quelques ennuis que son amour m'ait abreuvé, je ne puis oublier qu'elle m'aime, et que je l'ai longtemps aimée.

Tu me parles de M. de Rouèvres. Va, cet homme, sans s'en douter, s'est mieux vengé par son aveugle sécurité, qu'il ne l'aurait pu faire en m'immolant au ressentiment le plus légitime. Jamais sa main n'a touché la mienne que je n'aie senti la rougeur de la honte me monter au visage ; je n'ai jamais affronté sans pâlir la sérénité de son regard et la cordialité de son accueil. La confiance, l'estime et l'affection qu'il m'a témoignées, auront été mon châtiment et mon supplice. Par quel charme fatal, par quelle pente irrésistible en sommes-nous arrivés, Arabelle et moi, à trahir ce loyal esprit et ce noble cœur? Hélas! que te dirai-je que tu ne saches déjà? Tu fus témoin de mon bonheur. Tu sais que ce bonheur fut tel que Dieu lui-même ne m'eût pas infligé une plus rude expiation. Il est un adultère qui va front levé, face découverte. Celui-là du moins a le mérite de la franchise et le courage de la révolte. Il accepte la lutte au grand jour, et n'usurpe pas les bénéfices de la société qu'il outrage; il a quelque chose de la grandeur déchue de l'ange rebelle de Milton. Mais il en est un autre, hypocrite et lâche, vivant de ruse et de mensonge, rampant dans l'ombre comme un reptile, traînant à sa suite le remords, la peur et la honte. C'est l'adultère à domicile : c'est à ce vampire que j'ai donné à sucer le plus pur de mon sang; c'est ce minotaure qui a dévoré les plus fécondes années de ma jeunesse. La lassitude est venue vite, l'ennui ne s'est pas fait attendre; c'est qu'il n'est pas d'amour si vivace qui ne s'étiole bientôt dans une atmosphère si malsaine.

Voici mon plan, tu l'approuveras, je l'espère : écrire de loin en loin à Arabelle; trouver chaque fois un nouveau prétexte pour prolonger mon absence; passer insensiblement des expressions de la tendresse au langage de la raison; éclairer peu à peu son cœur, l'amener par degrés à des sentiments plus paisibles, et la déposer ainsi, sans la briser ni la meurtrir, sur le seuil de la réalité. Je compte sur ton assistance. Nul doute que les premiers cris de sa passion blessée n'arrivent jusqu'à toi. Ménage à la fois et son orgueil et son amour, laisse-lui croire qu'en la quittant, c'est moi seul que je sacrifie, et que, si son bonheur m'était moins cher que le mien, je serais encore auprès d'elle.

Depuis que ce plan est arrêté, je me sens plus ferme et plus calme. Je viens d'écrire à Arabelle. Je me suis épuisé à torturer mon cœur pour en faire jaillir deux ou trois pâles étincelles. Quel ennui! Si tu as un ennemi, souhaite-lui d'avoir à écrire une lettre d'amant à la femme qu'il n'aime plus. Autant vaudrait souffler sur les cendres d'Ilion pour en tirer un peu de flamme.

Karl Stein à Fernand de Peveney.

Ah! faible, faible cœur! Ainsi, pour te troubler, il aura suffi d'une lettre! Voici déjà que tu trembles et que tu hésites! voici qu'au lieu d'aller droit au but, tu prends le chemin de traverse! Si dès à présent tu fléchis, que sera-ce donc lorsque Arabelle, éclairée sur son sort, à chaque courrier t'enverra sous enveloppe les fureurs d'Hermione, les sanglots d'Ariane et les plaintes de Calypso! Enfant, tu n'y résisteras; tu reviendras, esclave soumis et repentant, reprendre le collier de misère. Je ne me dissimule pas ce que la position a de pénible et de périlleux : il n'est pas de chaîne, je le sais, qu'il ne soit plus aisé de rompre que ces liens si doux à former; mais si la tâche est rude, la vanité, je te l'ai déjà dit, nous en exagère singulièrement les difficultés, et toujours est-il qu'il se faut garder de trop prendre au sérieux les lamentations de ces belles abandonnées. Il est bien rare, quand nous les délaissons, qu'elles n'aient pas sous la main une consolation toute prête. As-tu remarqué que le chêne ne perd ses feuilles que pour en prendre de nouvelles? Les femmes, en amour, ne font guère autrement.

Tu tiens à connaître mon sentiment sur le plan de campagne que tu t'es tracé; à quoi bon? Tu ne serais pas homme, si, en demandant un conseil, tu n'étais décidé par avance à ne suivre que ta fantaisie. D'ailleurs c'est l'avis d'Arabelle qu'il faudrait avoir en ceci. Pour ma part, j'ai toujours pensé qu'en amour comme en politique, mieux vaut sauter par la fenêtre, au risque de se rompre le cou, que de se laisser mettre à la porte et traîner dans les escaliers. Je pense aussi qu'en tranchant le nœud gordien, Alexandre-le-Grand a voulu montrer aux amants de quelle façon ils s'y doivent prendre pour dénouer le lien qui les blesse.

Fernand de Peveney à Karl Stein.

Par goût et par tempérament, je répugne aux partis extrêmes. Souffre donc que je m'obstine à suivre la ligne de conduite que je me suis tracée; c'est une voie lente, mais sûre. Avec un peu de patience et de ménagement, les choses auront leur cours naturel, et s'éteindront sans éclat et sans bruit. Je n'en suis déjà plus aux élans de la passion;

j'ai quitté les cîmes brûlantes pour les régions tempérées et sereines. Je ne désespère pas d'y amener doucement Arabelle. Bien qu'elles se ressentent de cette sourde inquiétude qui précède la fin du bonheur, ses lettres sont plus calmes que je ne devais raisonnablement m'y attendre. Elle en arrivera d'elle-même à comprendre la nécessité d'une séparation; l'idée que j'en souffre autant qu'elle, et que j'immole mon bonheur au soin de son repos, en vue de sa propre gloire, exaltera ses forces et lui rendra la résignation plus facile. Le temps et le monde feront le reste.

Je respire enfin, je commence à renaître. J'ai subi l'influence de la terre natale; le silence des champs est descendu peu à peu dans mon cœur. Ami la nature est bonne; vainement avons-nous négligé son culte et porté loin d'elle nos désirs et nos ambitions; mère indulgente, nous n'avons qu'à lui revenir pour qu'elle nous ouvre aussitôt son sein. Heureux qui sait borner sa vie à l'aimer et à la comprendre !

Ma maison s'élève à mi-côte sur le bord de la Sèvres nantaise, dans un petit coin de ce bas monde qu'on peut dire chéri du ciel. Je t'en ai parlé souvent; mais moi-même qu'en savais-je alors? Ce n'est qu'au retour des longues absences, lorsqu'on a pleuré et souffert au loin, qu'on aime et qu'on apprécie sa patrie. Tu n'as vu nulle part de plus belles eaux, ni de plus frais ombrages; nulle part, tu n'as rencontré de plus riantes solitudes. Les visiteurs que ce pays attire durant l'été s'arrêtent à Clisson, et n'arrivent pas jusqu'ici, où l'on n'entend que le bruit des écluses. C'est sous ce toit que mon père a vécu, dans le creux de cette vallée, à l'ombre de ces bois, au murmure de ces claires ondes. Sa vie et sa mort furent d'un heureux et d'un sage. C'est ainsi que je prétends vivre et mourir. Ce que je sais des hommes et de la passion me suffit. Je ne suis point né pour ces orages. Je tiens de mon père des goûts simples, des instincts paisibles ; comme lui, je passerai mes jours dans la paix et dans la retraite. Les voies du monde sont trop difficiles ; il faut, pour s'y tenir droit et ferme, un pied plus sûr que le mien. Si j'ai pu, avec le cœur le plus pur et les intentions les plus honnêtes, y glisser dès les premiers pas, que serait-ce quand j'aurais dépouillé tout à fait les pudeurs et les scrupules du jeune âge ! Je m'y perdrais. Je m'en retire dès à présent sans regret et sans amertume, l'ayant trop vu pour l'aimer et point assez pour le haïr. Je conçois que la

société n'approuve pas de semblables projets:
c'est une maîtresse d'hôtel garni qui tient à
louer ses chambres ; mais comme il se trouve
toujours plus de gens qu'il n'en faut pour
les occuper, ne saurait-elle, sans nuire à ses
intérêts, permettre à quelques enfants de la
Bohême de loger en plein air et de coucher à
la belle étoile! Un tel exemple n'est guère
contagieux. Je n'ignore aucune des hautes
vérités qu'à ce propos on a mises en circu-
lation. Je sais qu'un homme n'est compté
pour rien, s'il n'est pas quelque chose,
c'est-à-dire s'il n'a pas une position, un
état, une carrière. Cependant s'il m'est
doux, à moi, de n'être rien? Si vos emplois
ne me tentent pas? Si je me soucie ni de
vos places ni de vos honneurs? Si je préfère le silence à vos bruits, le repos à vos
agitations et la solitude à vos fêtes? C'est
alors que la société, qui ne supporte point

patiemment qu'on puisse se passer d'elle, vous jette à la face les noms d'égoïste et de lâche. A son aise! l'aubépine est en fleurs, les oiseaux chantent dans les haies, et mon cheval est là, tout sellé, qui m'attend. Vois mon père d'ailleurs; il ne fut ni avocat ni député, pas même maire de son village. Il ne fut qu'un homme heureux; mais, durant trente ans, son bonheur rayonna comme un soleil sur ces campagnes. Pas un coin de cette terre qu'il n'ait embelli ou fertilisé. Il a couvert ces côteaux de pampres, ces champs de blés, ces vergers de fruits. Après avoir écrit avec la bêche et la charrue des poëmes qui ne périront pas, il dort en paix sous les arbres qu'il a plantés, et les paysans gardent pieusement sa mémoire. Tel est le sort que j'envie; mes ambitions ne vont pas au-delà, et, quelque fatal qu'il ait été, je ne me repens plus de l'essai que je viens de faire, puisque je lui dois d'avoir entrevu de bonne heure et compris le vrai but de ma destinée.

Tu le vois, me voici tout près d'emboucher les pipeaux champêtres ! Paris m'a fait amoureux de l'églogue. A ce compte, tu devines aisément l'emploi de mes journées. Jusqu'à l'heure où le facteur de la commune passe devant ma porte, je suis triste, inquiet, tourmenté. Quand je l'aperçois de loin avec sa boîte en sautoir, ses guêtres de cuir aux jambes et son bâton ferré à la main, mon cœur se serre. S'il me remet une lettre d'Arabelle, j'en brise le cachet avec humeur, et c'est un jour perdu pour la joie ; mais qu'il passe sans s'arrêter, je sens aussitôt mes poumons qui se dilatent, l'air de la liberté qui m'inonde, et je pars plus léger qu'un faon courant sur l'herbe des clairières.

Je vais à l'aventure où me mène mon cheval ou ma fantaisie. Aujourd'hui pourtant, après t'avoir écrit, je pousserai résolument jusqu'au château de Mondeberre. L'histoire du château se cache dans l'ombre des temps féodaux : la châtelaine est belle encore, et sa destinée est touchante. Madame de Mondeberre perdit, après un an de mariage, son mari, jeune et beau comme elle, tué misérablement par son meilleur ami dans une partie de chasse. Veuve à vingt ans, comblée de tous les dons de la naissance et de la fortune, elle dit au monde un éternel adieu, et se retira avec sa fille, qui comptait quelques mois à peine, dans ce manoir qu'elle n'a plus quitté, malgré les sollicitations de ses amis et de sa famille.

Je n'étais guère qu'un enfant alors ; mais cette histoire, que j'entendais conter autour de moi, préoccupait et charmait à la fois mon imagination naissante. Un soir, j'en entrevis l'héroïne à travers le feuillage éclairci de son parc. Qu'elle m'apparut belle et charmante! mais en même temps qu'elle me sembla imposante et fière! Je n'oublierai jamais de quelle façon il me fut donné de lui parler pour la première fois.

J'avais seize ans : j'aimais la chasse avec passion. Un jour que j'avais battu sans succès nos landes et nos bruyères, je m'en revenais d'un pas découragé, quand tout à coup mes chiens firent lever un lièvre qui disparut dans un épais fourré. Les chiens l'y suivirent, et moi-même je m'y jetai avec une sauvage ardeur. Toi qui n'as jamais brûlé de poudre qu'au tir, tu ne sais pas quelle fièvre, ou plutôt quel démon s'empare, en ces instants, de notre être. J'éventrai une haie qui me faisait obstacle, et, le visage et les mains en sang, je me précipitai sur la trace des chiens, les animant de la voix, et ne m'apercevant pas que je me trouvais dans une propriété particulière, enceinte de murs et de haies vives. M'étant posté au detour d'une allée, j'attendis mon lièvre, et lui lâchai au passage une charge de plomb dans le flanc. Presque aussitôt des cris partirent à quelques pas de moi. Je me retournai et reconnus madame de Monde-berre et sa fille. L'enfant se pressait avec effroi contre sa mère; celle-ci était pâle et tremblante. Je devinai sur-le-champ ce qui se passait en elle : je compris quels funèbres échos je venais d'éveiller dans son cœur, et que j'étais à ses yeux l'appareil vivant du supplice qui l'avait faite veuve à vingt ans. J'aurais voulu m'abîmer à cent pieds sous terre. Par un brusque mouvement, je me débarrassai de mon carnier et le lançai avec mon fusil par-dessus le mur d'enceinte ; puis, ayant renvoyé mes chiens, je m'avançai timide et confus, et balbutiai quelques excuses. Madame de Mondeberre en parut touchée ; elle me sut gré surtout de l'avoir devinée et comprise. Je me nommai : mon nom ne lui était pas étranger ; elle me dit qu'autrefois les Peveney s'étaient alliés à sa famille. J'ignore comment il arriva que nous nous prîmes à marcher doucement dans les allées du parc, elle appuyée sur mon bras, et moi tenant sa fille par la main. C'était une belle enfant, déjà grave et sérieuse, comme tous les enfants qui de bonne heure ont vu pleurer leur mère. Bien que la douleur eût terni sur son front l'éclat de la jeunesse, madame de Mondeberre était calme et sereine. Rien n'est bon et sain à la longue comme de vivre avec les morts. Quand je fus près de me retirer, je lui renouvelai mes excuses. — Si j'étais votre amie, me dit-elle, je vous ferais une prière. — Madame, ordonnez, m'écriai-je. — Je vous prierais, ajouta-t-elle, de renoncer à un jeu cruel, trop souvent fatal aux mères et aux épouses. — Dans mon trouble, je ne sais trop ce que je répondis ; mais toujours est-il que je ne chassai plus à partir de ce jour.

Ce fut à peu de temps de là que mon père, n'ayant pu s'entendre avec l'intendant du château au sujet de prétendus empiétements de terrain (les domaines de Mondeberre et de Peveney ont de tout temps été limitrophes) prit le parti de s'adresser à la châtelaine. Il s'en suivit des relations précieuses ; des rapports fréquents et presque familiers s'établirent entre nos deux maisons. Madame de Mondeberre était simple, sans ostentation dans son deuil ; elle ne faisait ni spectacle ni bruit de ses pleurs et de ses regrets. On s'imaginait dans le pays que ses appartements étaient tendus de noir, et qu'elle passait tous les jours enfermée, comme Artémise, dans le mausolée de son époux. Il n'en était rien ; comme tous les sentiments profonds, sa douleur discrète et voilée se laissait à peine deviner. A la gravité d'une vertu toute romaine, elle joignait les graces naturelles de l'esprit et de la beauté. Elle portait un mort dans son cœur ; mais elle était pareille à ces tombes agrestes qui, n'étalant ni monument ni inscriptions funèbres, se cachent humblement sous un tertre de fleurs et de verdure. J'accompagnais mon père au château ; souvent j'y allais seul. J'étais jeune : mes sens et mon imagination s'éveillaient ; j'avais les inquiètes ardeurs de mon âge, qu'irritaient encore le silence des champs et la solitude où j'avais grandi. Je voyais madame de Mondeberre à peu près tous les jours; nous avions, le soir, de longs entretiens sous les marronniers du parc. Nous allions parfois avec sa fille nous asseoir sur le bord de l'eau. Eh bien! tel était le sentiment de respect et d'admiration que m'inspirait cette noble créature, qu'il ne m'est pas arrivé de me sentir une seule fois ému ou troublé par le charme de sa personne, ni d'emporter, en la quittant, une pensée que j'aurais craint d'avouer hautement devant elle. Mon père mourut. Madame de Mondeberre m'aida et me soutint dans cette grande épreuve : en pleurant avec moi, elle rendit mes larmes moins amères. Je me rappelle encore ses paroles pleines de douceur, ses conseils remplis de sagesse. —Nous devons, me disait-elle, honorer les êtres que nous avons aimés, moins par nos sanglots que par nos actions, en songeant sans cesse que, tout morts qu'ils sont, ils nous voient; que, toute heureuse et toute détachée qu'elle est des choses d'ici-bas, leur âme peut souffrir de nos fautes. — La foi et la piété respiraient dans tous ses discours, avec l'espoir d'une vie meilleure où Dieu réunit pour l'éternité les âmes fidèles qui se sont aimées sur la terre. Je ne me lassais pas de l'entendre: en l'écoutant, je me sentais plus fort et consolé.

Cependant je ne tardai pas à être repris de cette turbulente inquiétude à laquelle la mort de mon père avait d'abord imposé silence. Un brûlant désir de voir et connaître s'empara tout à coup de mon cœur et de tous mes sens. J'étais libre, maître de ma fortune et de ma destinée. Décidé à partir pour Paris, je fis part de mon projet à madame de Mondeberre, qui n'en parut point surprise. — Vous voulez partir, me dit-elle ; c'est tout simple, la curiosité sied à votre âge : il est bon, d'ailleurs, qu'un homme sache le monde et la vie. Partez donc. A votre retour, vous apprécierez mieux les biens que vous allez quitter. — Puis elle me parla longuement de ce monde et de cette vie nouvelle que j'allais aborder. Tandis que nous causions, Alice, sa fille, se tenait près de nous, debout, silencieuse, immobile. Cette enfant m'aimait, et je l'aimais aussi comme un doux reflet de sa mère. Lorsqu'elle savait que je devais venir, elle allait m'attendre au bout du sentier, courait à moi du plus loin qu'elle m'apercevait, et, me prenant par la main, m'amenait triomphante au château. Cette fois, il me fut impossible d'obtenir d'elle un sourire, ni même un regard. Je voulus l'attirer, mais elle s'échappa de mes bras. La veille de mon départ

j'allai faire mes adieux à madame de Mondeberre. Tous les détails de cette soirée sont
aussi présents à mon esprit que s'ils dataient
d'hier seulement. Le jour tombait, on touchait à la fin d'octobre ; quand j'entrai, un
grand feu clair brillait dans l'âtre ; la châtelaine était assise dans l'embrasure d'une fenêtre ouverte. Sans se lever elle me tendit la
main et me fit asseoir auprès d'elle ; elle
m'entretint encore une fois de la mer semée
d'écueils sur laquelle j'allais m'aventurer ;
sa voix était plus grave et plus tendre que
d'habitude. S'en étant retirée de bonne
heure, elle ne savait guère du monde que ce
que j'en savais moi-même ; mais elle avait
beaucoup réfléchi, et, me voyant près de
quitter nos campagnes, pour aller sans guide
et sans appui, me mêler, si jeune encore,
aux flots des hommes et des choses, elle en
éprouvait comme un sentiment de maternel

effroi. Tandis qu'elle parlait, le vent d'hiver remplissait le parc d'harmonies lugubres. J'entendais le bruit sec et morne des feuilles desséchées; je voyais sur la cime des arbres se balancer de noirs corbeaux. Je fus saisi d'une grande tristesse, et de sombres pressentiments m'assaillirent; mais ma résolution était prise, et madame de Mondeberre elle-même semblait envisager ce départ comme une nécessité. — Adieu donc! me dit-elle, nous prierons le ciel pour qu'il vous donne toutes les félicités que vous méritez. — Avant de me retirer, je demandai à embrasser Alice, qui n'avait point encore paru. Sa mère l'envoya chercher; on l'amena presque malgré elle. — Enfant, lui dis-je, vous ne m'aimez donc plus? A ces mots, elle fondit en pleurs. Je partis; je n'avais point d'amour pour madame de Mondeberre, Alice comptait au plus dix ans; je partais libre de tous liens. D'où venait donc cette voix mystérieuse, qui tandis que je m'éloignais, de loin en loin me criait brusquement que je tournais le dos au bonheur?

Hélas! durant ces sept années, les ai-je assez souillés et profanés, ces purs et chastes souvenirs! Aussi, n'ai-je point encore osé porter mes pas vers Mondeberre, tant je me reconnais indigne de rentrer dans ce saint asile. Il m'a semblé qu'auparavant je devais m'imposer pour ainsi dire une quarantaine morale; il me semble, encore à cette heure, que je vais y retrouver le fantôme de ma jeunesse, qui refusera de me reconnaître et s'enfuira d'un air irrité.

Le même au même.

Hier donc, après t'avoir écrit, je suis parti pour Mondeberre. J'ai fait la route au pas de mon cheval, lentement, religieusement, ainsi que se font les pèlerinages. Le ciel gris et voilé s'harmoniait avec les dispositions de mon âme. J'ai suivi les sentiers que suivait autrefois ma jeunesse ; j'ai reconnu tous les bouquets d'arbres, tous les buissons en fleurs, tous les accidents du paysage; il n'y avait que moi de changé. J'aperçus bientôt, à travers le feuillage, les tours noircies du château féodal, la plate-forme ombragée d'ormeaux, les pans de murs habillés de lierre. A ces aspects, j'ai senti plus profondément ma misère et ma déchéance; j'ai pleuré sur moi-même et me suis abîmé dans la mélancolie des jours mal employés. Ainsi, j'allais comme autrefois, plein de trouble, le long de ces haies; seulement, au lieu du trouble poétique et charmant, qui remplit d'harmonies et d'images gracieuses le matin de l'existence, je traînais avec moi cette morne inquiétude, cette lourde fatigue, que laisse après elle la passion désabusée.

Je mis pied à terre à la petite porte du parc et j'entrai. Aussitôt je me sentis enveloppé d'ombre et de silence. Il me sembla que je

retrouvais un Éden depuis longtemps perdu
et regretté, et dans ce court enivrement j'oubliai les douleurs de l'exil.

Après avoir erré çà et là, j'allai m'asseoir
sur un banc de pierre, à demi caché sous un
massif d'ébéniers et de lilas qui secouaient à
l'entour leurs grappes embaumées. J'étais
plongé depuis près d'une heure dans mes
souvenirs, lorsque j'entendis le frôlement
d'une robe et le bruit d'un pied léger sur le
sable fin de l'allée. Je levai la tête et vis à quelques pas de moi madame de Mondeberre, non
pas comme autrefois, pâlie par la douleur,
austère et grave, ainsi qu'il sied aux veuves,
mais fraîche, souriante et parée comme la
nature, de toutes les graces du printemps.
C'était bien son front intelligent et fier, mais
rayonnant cette fois du doux éclat de la jeunesse ; c'étaient ses beaux yeux bleus, moins

les larmes qui en avaient terni l'azur; c'était sa noble démarche, moins les chagrins qui l'avaient brisée. Ses cheveux blonds, qu'autrefois elle cachait sévèrement comme un luxe mal séant au deuil, ruisselaient en boucles d'or le long de son visage. Les flots de gaze et de mousseline qui l'enveloppaient tout entière, lui donnaient l'air d'une de ces apparitions vaporeuses que les poètes voient flotter sur le bord des lacs, dans la brume argentée des nuits. Je crus d'abord que c'était une illusion de mes sens, et je restai debout, immobile, à la contempler, tandis qu'elle m'observait de ce regard limpide et curieux, qui n'appartient qu'aux gazelles et aux jeunes filles. Enfin je me décidai à marcher vers elle; mais à peine eus-je fait quelques pas, qu'elle s'enfuit, et je m'arrêtai à suivre des yeux sa robe blanche à travers la ramée N'était-ce point madame de Mondeberre en effet? Je la vis apparaître au bout de quelques instants, telle à peu près que je l'avais vue autrefois; seulement les années qui venaient de s'écouler, avaient laissé sur ses traits comme sur les miens, des traces de leur passage. Aussitôt que je l'aperçus, je courus vers elle, et je pressai avec attendrissement ses deux mains sur mes lèvres et contre mon cœur. Elle-même était émue, et c'est à peine si dans le trouble des premiers moments nous pûmes échanger quelques mots. Enfin je songeai à la chère enfant qui avait tant pleuré le jour de mon départ. Je parlai d'Alice à sa mère. « Elle vous a bien reconnu, me dit-elle; c'est elle qui m'a dit que vous étiez là. Je vous croyais encore à Paris. » Ces paroles me frappèrent d'étonnement et presque de stupeur. « Quoi! m'écriai-je, cette blanche et belle créature que je viens d'entrevoir... — C'est Alice, c'est ma fille, » répondit madame de Mondeberre avec un sourire de tendresse et d'orgueil. Quoi de plus simple, et ne devais-je pas m'y attendre? Ne savais-je pas que l'enfance hérite de ceux qui la précèdent, et que c'est des fleurs tombées de notre front, que le temps tresse des couronnes à la génération qui nous suit? Vois pourtant quelle chose étrange ! ma pensée ne s'était pas une seule fois arrêtée aux changements que ces sept années avaient dû amener chez Alice, et je croyais naïvement que j'allais retrouver sous ces ombrages, l'enfant que j'y avais laissée. Heureusement la nature n'est ni oublieuse ni imprévoyante comme l'esprit de l'homme. Rien ne la distrait de son œuvre. Tout meurt et tout renaît ; un nouveau jet remplace la pousse qui s'effeuille; à la voix qui s'éteint, une voix plus fraîche succède ; au flot qui se retire, un flot plus harmonieux ; près d'une grâce qui se fane;

il en est toujours une autre qui fleurit. Ainsi, renouvelant sans cesse son impérissable beauté, la nature marche sans s'arrêter dans son immortelle jeunesse.

Mademoiselle de Mondeberre ne tarda pas à nous rejoindre. Elle rougit en nous abordant; la jeune fille se souvenait sans doute et peut-être était-elle confuse des larmes qu'avait versées l'enfant. Moi-même je me sentais troublé. C'est qu'en effet, pour un homme encore jeune, je ne sais rien de plus troublant que de retrouver ainsi, dans tout l'éclat et dans toute la gloire de ses belles années, l'enfant qu'on a jadis aimée avec toutes les familiarités d'une tendresse fraternelle. Si de son côté la jeune fille n'a rien oublié, la gêne est égale de part et d'autre, et la position doublement embarrassante. On se rappelle qu'on a joué ensemble sur les pelouses, qu'on s'est aimé, qu'on se l'est dit en toute liberté comme en toute innocence, et l'on est là, tremblant et rougissant, ne sachant quelle contenance garder ni comment concilier les rapports familiers du passé, avec la réserve mutuelle qu'on doit s'imposer désormais. Madame de Mondeberre comprit ce que la situation avait de difficile ; elle nous en tira avec sa grâce accoutumée.

Alice est l'image de la jeunesse de sa mère. Madame de Mondeberre est si belle encore et si jeune, qu'en la voyant près de sa fille, on les prendrait pour les deux sœurs. En me retrouvant près de ces deux charmantes femmes, dans ce parc où rien n'est changé, il m'a semblé que je ne m'en étais jamais éloigné, et que j'avais rêvé l'absence et la douleur. Il suffit de revoir un instant les lieux et les êtres aimés, pour combler aussitôt l'abîme qui nous en a longtemps séparés. Tu penses cependant à combien de questions il m'a fallu répondre. On eût dit que j'arrivais des lointains pays. Pour ces deux chastes créatures qui n'ont jamais quitté leur nid, n'arrivais-je pas en effet des contrées lointaines ? J'ai parlé de Paris, et vaguement des ennuis qui m'y avaient assailli ; j'ai dit mon dégoût du monde, ma résolution de vivre désormais dans le domaine de mes pères. Puis est venu mon tour d'interroger. J'ai demandé quels grands événements s'étaient passés à Mondeberre durant mon absence. On m'a répondu en souriant que les lilas avaient fleuri sept fois, et que les marronniers qui balançaient leurs panaches blancs sur nos têtes, avaient sept fois changé de feuillage. Ainsi causant, nous allions à pas lents, le cœur plein d'une douce joie, et recueillant, comme des pervenches, le long dès allées les frais souvenirs que nous y avions semés autrefois.

Sur le soir, nous avons gagné le château ; j'ai respiré en y entrant, je ne sais quel bon parfum d'honnêteté, d'ordre et d'innocence, qui m'a reporté délicieusement aux meilleurs jours de mon jeune âge. J'ai tout revu, tout reconnu : les mêmes meubles étaient encore à la même place ; les mêmes serviteurs qui m'avaient vu partir m'ont souhaité la bienvenue. Comme autrefois, la table du salon était chargée de fleurs, de livres et d'ouvrages de tapisserie. Le temps qui change tout, n'a rien changé dans cet asile ; il n'y a qu'une enfant de moins et qu'un ange de plus. Nous avons dîné sur la terrasse. Les nuages s'étaient dissipés ; le soleil près de disparaître, envoyait ses derniers rayons mourir à nos pieds ; les oiseaux avant de s'endormir, nous donnaient leurs plus beaux concerts. Ce bienveillant accueil, cette hospitalité si franche et si gracieuse, ces deux nobles femmes qui me souriaient comme deux sœurs, ces serviteurs joyeux de me revoir, enfin cette belle nature qui semblait, elle aussi, fêter le retour de l'enfant prodigue, tout cela remplissait mon âme d'une pure ivresse. Parfois je me demandais si je veillais, et si ce n'était pas un songe. Quand je partis, les étoiles brillaient depuis longtemps dans le bleu du ciel. Je m'en retournai calme, heureux, rasséréné, meilleur enfin que je n'étais venu ; mais je devais en rentrant chez moi, retrouver le souvenir d'Arabelle, comme un malfaiteur qui se serait introduit dans ma maison et m'aurait attendu, traîtreusement caché derrière ma porte.

On me remit une lettre que le facteur avait jugé convenable de n'apporter que le soir. J'examinai la suscription avec un sentiment de terreur; je reconnus la main d'Arabelle.

Je ne sache pas que jamais lettre soit arrivée plus mal à propos; il me sembla que c'était un créancier impitoyable qui réclamait le prix d'un jour de bonheur et d'oubli. Imagine un forçat un peu poétique parvenu à briser ses chaînes. Il s'est échappé le matin, et durant tout le jour, il a bu à longs traits l'air enivrant de la liberté; il a marché tout un jour sans liens et sans entraves; il a vu le soleil se coucher dans sa gloire; il s'apprête à dormir sur un lit de mousse, sous la voûte étoilée, pour reprendre au matin sa course aventureuse. Tout le charme et tout le ravit. Mais voici qu'au moment où son cœur n'est qu'une hymne de délivrance, on le reprend, on l'arrête, on lui remet les fers aux pieds; voici qu'on le ramène au bagne, qu'il croyait avoir fui pour jamais. Tel est l'effet qu'a produit sur moi cette lettre ; elle m'a rejeté violemment sur le sol de la réalité. Ce n'eût été la veille qu'un mouvement d'humeur ; ce fut cette fois de la colère et presque de la haine. Je rompis le cachet et je lus quelques lignes. Au sortir du chaste et paisible intérieur où je venais de goûter des joies si simples et si pures, ce langage passionné me choqua comme un son faux et discordant. Et puis, toujours la même chose ! Je n'ai pas eu le courage d'aller jusqu'au bout : je lirai le reste dans quelque roman nouveau.

Adieu. Quand tu seras las du bruit et de la foule, viens te reposer auprès de moi ; tu trouveras toujours sur le pas de ma porte deux bras amis qui s'ouvriront pour te recevoir.

Karl Stein à Fernand de Peveney

Ainsi tu romps avec la société : il faudra bien que la société s'en console. Vis aux champs, s'il te plaît d'y vivre. Les gentils-hommes d'autrefois, qui valaient bien ceux d'aujourd'hui, cultivaient leurs terres et faisaient du bien à leurs paysans ; je ne pense pas que ce soit déroger que d'en faire autant. Seulement n'oublie pas que ton père ne fut un homme heureux que parce qu'il fut un homme utile. Être utile, c'est-là la question. « Si vous vous sentez les passions assez modérées, écrivait un philosophe à je ne sais quel gentillâtre qui lui demandait conseil ; si vous vous sentez l'esprit assez doux, le cœur assez sain pour vous accommoder d'une vie égale, simple et laborieuse, restez dans vos domaines, faites-les valoir, travaillez vous-même, soyez le père de vos domestiques, l'ami de vos voisins, juste et bon envers tout le monde; servez Dieu dans la simplicité de votre cœur : vous serez assez vertueux. » Toi, cependant, ne te hâte point de décider irrévocablement de tes goûts, de ta vocation et de ta destinée ; tu es sous le coup de préoccupations trop vives pour pouvoir encore sainement en juger. A Dieu ne plaise que je te blâme de songer à régler ta vie ! J'écrirais volontiers, comme Pline le jeune, que

le cours régulier des astres ne me fait pas
plus de plaisir que l'arrangement dans la
vie des hommes. Seulement, attends le calme et la réflexion ; mets de l'ordre dans tes
sentiments avant d'essayer d'en mettre dans
l'agencement de ton existence. On ne jette
pas l'ancre en pleine mer durant la tourmente.

Ici, rien de nouveau. Madame de Rouèvres est souffrante ; elle ne voit et ne reçoit
personne. On ne se gêne pas, dans le monde,
pour attribuer à ton absence ce soudain
amour de retraite et de solitude. Le monde
est une petite ville où tout se sait. Je ne vois
guère que le mari, qui, fidèle à la tradition,
ne soit pas dans le secret de la comédie.
Fasse le ciel qu'il vive toujours dans la même
ignorance ! car je ne le crois pas homme à
prendre patiemment son malheur. Plus il
aurait poussé loin la confiance et l'aveugle-

ment, plus il serait implacable dans son ressentiment et terrible dans sa vengeance. C'est une de ces âmes inflexibles dans leur droiture, qui pardonnent d'autant moins, que, pour leur propre compte, elles n'ont pas besoin d'indulgence. Il aime sa femme, j'en ai la conviction, d'un amour plus profond et plus vrai que n'a jamais été le tien. Outragé dans son honneur et blessé dans son affection, j'ignore à quel parti il se résoudrait ; mais à coup sûr ce ne serait point à la résignation. Je l'ai vu dernièrement ; il m'a semblé tristement préoccupé de l'état maladif de la comtesse. Je lui ai conseillé les eaux et les voyages. Il y avait songé ; mais la comtesse s'y refuse. C'est fâcheux : un petit voyage au Spitzberg aurait bien fait ton affaire. Bref, c'est là qu'en sont les choses. Pousse au dénouement : j'ai hâte de nous savoir sortis de cette maudite galère.

Fernand de Peveney à Karl Stein.

Il semble qu'en retournant à Mondeberre j'ai remonté le cours de ma jeunesse et ressaisi par le bout de leurs ailes mes années envolées. Mon cœur se délasse et s'apaise ; je n'entends plus en lui que le roulement sourd de la tempête qui s'éloigne. Souvent j'ai vu la Sèvres, grossie par les pluies d'orage, déborder et couvrir de limon et de sable nos champs et nos guérets ; ce n'était qu'en rentrant dans son lit qu'elle reprenait, au bout de quelques jours, la transparence de ses ondes : c'est l'image de ma destinée. Quoique tu puisses dire, je vivrai sous ce coin de ciel ; la réflexion, mes instincts et mes goûts, tout m'y fixe et tout m'y enchaîne. Je ne serai pas inutile au bien-être de ces campagnes. Je me suis écrié d'abord, comme Alexandre, que mon père ne m'avait laissé rien à faire ; mais, en y regardant de plus près, j'ai compris que dans la voie des améliorations, quelle qu'en soit la nature, le mieux est toujours à trouver. Je fais de grands projets ; si je parviens à en réaliser quelques-uns, ma vie n'aura pas été stérile. Je fais aussi de doux rêves ; s'ils ne m'échappent pas tous, ma vie n'aura pas été sans bonheur. Tu le vois, c'est un parti pris : déjà je construis des granges, je plante des peupliers, j'ouvre des chemins vicinaux. Cette activité de corps me repose des fatigues de l'âme. Tous ces détails de la vie rustique, au milieu desquels je me suis élevé, me charment et m'attirent au-delà de ce que je pourrais exprimer. La terre est bonne à ceux qui l'aiment et qui la cultivent. Tu ne sais pas, toi, de quel amour on se prend à l'aimer, et combien cet amour, à l'encontre de quelques autres, est sain au cœur et à l'esprit! Le soir, je monte à cheval, et la journée s'achève à Mondeberre. Là, on cause, on lit, on parle de ce qu'on a lu ; quelque vieux gentilhomme du voisinage vient se mêler à l'entretien. Mademoiselle de Mondeberre se met au piano et chante; on va s'asseoir sur le banc de pierre, sous les touffes de lilas et de faux ébéniers, ou bien si la soirée est belle, on fait atteler la calèche, et l'on gagne Mortagne ou Tiffauges. On admire le paysage, on s'arrête devant les ruines, on évoque les vieux souvenirs. Près de se quitter, on s'étonne de la fuite des heures, et l'on se sépare en échangeant ce doux mot : A demain ! Si je compare l'existence que je mène ici avec celle que je menais là-bas : ici, le repos dans le travail, des jours sereins, des relations paisibles, de chastes affections avouées à la face du ciel; là-bas, l'agitation dans l'oisiveté, les soucis rongeurs, les efforts impuissants d'un amour épuisé, les querelles à essuyer, les soupçons à subir ; tous les tiraillements, toutes les exigences d'une passion qu'on ne partage plus, tout cela dans l'ombre et n'osant se montrer : alors je me demande comment il s'est pu faire que j'aie vécu là-bas de cette rude vie, lorsque j'avais ici un Éden ouvert à toute heure.

Mademoiselle de Mondeberre est charmante ; telle dut être sa mère à seize ans. Je ne sais rien de plus poétique ni de plus touchant que l'intérieur de ces deux femmes, qui, sans autre ressource que leurs tendresses mutuelles, se font l'une à l'autre un monde toujours nouveau. Je ne pense pas qu'il soit possible de rencontrer entre deux créatures plus d'harmonies et de rapports, plus de sympathies et de convenances. Leurs cheveux ont la même nuance, leurs yeux le même azur, leurs lèvres le même sourire, leur âme et leur esprit le même goût et le même parfum. Seulement, à cause de son éducation solitaire, n'ayant jamais quitté le domaine où elle a grandi, mademoiselle de Mondeberre a quelque chose de plus agreste et de plus sauvage qui ne messied point aux grâces de la jeunesse. Elevée loin du monde, elle en ignore le langage et les habitudes ; mais il y a en elle cette élégance de race, cette distinction native que le monde n'enseigne pas. Elle est à la fois simple et fière, intelligente autant que belle. Pourquoi ne le dirais-je pas? Parfois, en la contemplant en silence, je me prends à songer au temps où j'approchais mes lèvres de cette fleur, alors en bouton; aux jours où mes doigts jouaient familièrement avec ces cheveux d'or, où ma main pressait cette main, où mon bras enlaçait cette taille. A ces souvenirs, malgré moi confus et troublé, je sens un frisson courir de mes pieds à ma tête, et je n'ose m'avouer ce qui se passe dans mon cœur.

Mais, ami, que te conté-je là? Je voulais te parler d'Arabelle. Toutes ses lettres m'appellent à grands cris. Si tu la vois, dis, comme moi, que je fais bâtir, que j'ai trois procès sur les bras, et qu'avec la meilleure volonté du monde, il m'est encore impossible de fixer l'époque de mon retour. Je lui ai écrit ce matin. En voici pour dix jours au moins, dix jours de repos, d'oubli, de pleine liberté ! J'en suis depuis longtemps à tout ce que la tendresse a de plus calme et de plus fraternel. Il ne tiendrait qu'à elle de comprendre, mais il paraît que ces choses-là ne s'entendent pas à demi mot. Elle souffre, j'hésite et j'attends. Ce qu'il y a de vraiment désastreux, c'est que son amour semble augmenter à mesure que le mien s'en va. Si je mets trois bémols à mon style, elle me répond avec six dièzes à la clé; il faudra pourtant bien qu'elle en vienne à s'apercevoir que nous ne jouons plus dans le même ton.

Sais-tu que tu m'épouvantes avec les vengeances de M. de Rouèvres? J'en rêve toutes les nuits. Tu sais quel cas je fais de cet homme. Mais depuis quand as-tu découvert l'âme d'Othello sous cette froide enveloppe? J'imagine que tu veux rire. S'il aimait sa femme comme tu le dis, son amour eût été moins patient, moins aveugle, et voici longtemps qu'il nous aurait tués tous deux.

Le même au même.

Je ne sais jusqu'à quel point mes lettres t'intéressent; mais je me suis fait une si douce habitude de t'ouvrir mon cœur comme un livre dont je tournerais moi-même les feuillets, qu'il me serait désormais impossible d'en agir autrement avec toi. Si le livre t'ennuie, ferme-le, sans te préoccuper de l'amour-propre de l'auteur.

J'ai toujours pensé que ce doit être une chose bonne et profitable d'écrire jour par jour l'examen de sa propre vie. On s'habitue ainsi à se tenir constamment vis-à-vis de soi-même comme devant un juge. On se surveille avec plus de soin; on apporte plus d'ordre dans ses actions et dans ses sentiments. Lorsqu'on sait qu'il faut chaque soir, sous la dictée de sa conscience, faire le relevé de la journée qui vient de s'écouler, on en devient plus circonspect et nécessairement meilleur; on y gagne de se mieux connaître et de discipliner son cœur. Tu comprends qu'à ces fins il m'est doux de t'écrire, puisque j'en retire à la fois les bénéfices d'une confession et le charme d'une confidence.

Ce soir, que te dirai-je? Je suis triste, et ne sais pourquoi. J'arrive de Mondeberre.

En ouvrant la porte du parc, j'ai entrevu mademoiselle de Mondeberre suspendue au bras d'un étranger qui m'a paru jeune, élégant et beau. Tous deux suivaient l'allée des marronniers, et semblaient causer affectueusement. J'ai craint de troubler un si doux entretien ; n'aimant point d'ailleurs les visages nouveaux, j'ai refermé doucement la porte, et m'en suis revenu sans avoir été remarqué. J'étais parti joyeux et léger ; je suis revenu sombre et taciturne. Pourquoi? Je l'ignore. En rentrant chez moi, j'ai grondé mes gens et rudoyé mes chiens. Te paraît-il convenable que mademoiselle de Mondeberre se promène ainsi, le soir, dans un parc, seule au bras d'un jeune homme ? En fin de compte, cela ne te regarde pas, ni moi non plus. Je dis seulement que c'est singulier. Depuis mon retour, mademoiselle de Mondeberre ne s'est pas une seule fois appuyée sur mon bras. Mais ce jeune homme est sans doute le fiancé d'Alice? C'est tout simple : il faudra bien qu'un jour Alice se marie. Je viens d'y songer pour la première fois. Je suis triste, ami, jusqu'aux larmes. Qui m'aime ici? dans la solitude de mon cœur, j'en viens à regretter l'amour orageux d'Arabelle. Je m'écriais l'autre jour que la nature est bonne; je me trompais, la nature n'est qu'indifférente : nous l'associons à toutes les dispositions de notre âme, mais elle ne se soucie ni de nos joies ni de nos douleurs. Je suis seul, j'appelle : pas une voix ne me répond. Pourtant, mon Dieu! que cette nuit est belle! Qu'il serait doux à la clarté de ces étoiles, au milieu de tous ces parfums et de tous ces murmures qui montent de la terre au ciel comme des flots d'encens et d'harmonie, qu'il serait doux de reposer son front sur un cœur adoré, et de mêler une hymne d'amour aux concerts de la création! Peut-être qu'à l'heure où je t'écris, ces deux jeunes gens errent encore sous les ombrages tutélaires; ils s'aiment, ils sont heureux.

Le même au même.

Je ne suis pas retourné à Mondeberre. En ceci, je n'ai fait qu'obéir à un sentiment naturel de réserve et de discrétion. Je dois dire aussi que ce lieu a quelque peu perdu pour moi de son charme et de sa poésie. Pourquoi? Je ne sais trop ; peut-être m'était-il doux de penser que j'étais seul admis dans l'intimité du sanctuaire. Toujours est-il que ce n'est plus le même prestige. Il n'est pas douteux que l'étranger de l'autre soir ne soit le fiancé d'Alice. Ce matin, je les ai vus passer tous deux, à cheval, dans le sentier du bord de l'eau. Je n'avais pas encore vu mademoiselle de Mondeberre en amazone : j'ai souffert de la voir ainsi. Je n'ai jamais aimé les femmes qui montent à cheval. On a remarqué, peut-être avec raison, qu'elles manquent en général de tendresse et de sensibilité. Il est très vrai qu'à cet exercice leurs grâces primitives s'altèrent ; leur caractère, leurs goûts et leur allure y prennent quelque chose de hardi, de viril et d'aventureux qui les dépouille de leurs plus charmants priviléges. La bride et la cravache ne sont pas faites pour ces mains délicates ; le chapeau de l'homme ne sied point à ces aimables fronts. Et puis, comprends-tu que madame de Mondeberre laisse ainsi sa fille courir les champs à l'aventure, en compagnie de ce jeune homme? Tout ceci me gâte un peu mon paradis et mes deux anges.

Le même au même.

Rien n'est changé dans ma vie. D'où vient donc que mon cœur est rempli d'allégresse? Pourquoi triste hier et joyeux aujourd'hui? Il faut toujours en revenir à cette exclamation banale : cœur de l'homme, abîme mystérieux!

Je me suis levé, ce matin, résolu, comme la veille, à ne point aller à Mondeberre. Le soir, j'ai pris, sans y songer, le sentier accoutumé, et je suis arrivé à la porte du parc, décidé à ne point en franchir le seuil. Bref, je suis entré; le parc était désert. J'allai droit au château, et trouvai au salon mademoiselle de Mondeberre seule avec l'étranger, tous deux au piano, à la fois riant, chantant et causant. Je crus comprendre que j'étais de trop, et je songeais à m'esquiver, quand mademoiselle de Mondeberre me retint et me présenta à M. de B., son cousin. Pour le coup, c'était un prétendu, car, de tout temps, les cousins ont plus ou moins épousé leurs cousines. Nous n'eûmes pas échangé vingt paroles, que je le tins pour un fat et un sot. Il est des hommes qu'on hait à première vue, je sentis tout d'abord que je haïssais celui-ci. Il avait une certaine façon d'appeler Alice sa *jolie cousine,* qui me donnait envie de lui tordre le cou. En l'examinant bien, je lui trouvai une beauté vulgaire, sans âme et sans intelligence, une élégance prétentieuse, une jeunesse compromise par un menaçant embonpoint. Ses gestes, son maintien, son langage, tout en lui me déplaisait, jusqu'au son de sa voix, à ce point que, moi qui ne suis point d'humeur agressive, j'aurais payé cher le droit de le provoquer. Mademoiselle de Mondeberre semblait le trouver charmant : elle souriait à tout ce qu'il disait, et pour moi n'avait pas un regard. Je ne puis dire ce que j'ai souffert ainsi pendant une heure. M. de B. causait avec sa cousine ; je mêlais à peine quelques mots à la conversation. Je voulais me retirer, mais une main de fer me scellait à ma place. Madame de Mondeberre entra ; elle me demanda pourquoi on ne m'avait pas vu tous ces jours. En cet instant, Alice, qui parlait avec son cousin dans l'embrâsure d'une fenêtre, partit d'un frais éclat de rire ; je me fis violence pour ne pas aller les étrangler tous deux. Enfin, je me levai. Me voyant prêt à m'éloigner, M. de B. me demanda si j'étais venu à cheval. Sur ma réponse affirmative, il m'offrit de m'accompagner jusqu'à Peveney, car c'était son chemin pour retourner à Nantes. J'acceptai avec empressement; le compagnon n'était guère de mon goût, mais il me souriait de ne le point laisser au logis. « Quoi! vous nous quittez si tôt! s'écrièrent madame de Mondeberre et sa fille en s'adressant au beau cousin. — Il le faut, répondit M. de B.; Pauline m'attend ce soir. » Je ne sais pourquoi ce nom de Pauline fut comme un rayon de soleil traversant la nuit de mon cœur. « J'espère, ajouta madame de Mondeberre, qu'à votre prochaine visite, vous nous amènerez mon aimable cousine. » Je pensai qu'il s'agissait d'une sœur; le rayon s'effaça, mon cœur retomba dans sa nuit. Cependant nos chevaux attendaient dans la cour du château. Alice et sa mère se mirent à la fenêtre pour nous voir partir et nous envoyer le dernier adieu. Une fois en selle, nous les saluâmes de la main, et, comme nous nous éloignions au pas allongé de nos bêtes, j'entendis madame de Mondeberre s'écrier : « Gaston, embrassez pour moi votre femme ! » A ces mots, je me sentis si léger, qu'il me sembla que la brise allait m'enlever comme une plume. Il se fit en moi un de ces coups de vent qui balaient le ciel en moins d'une minute. Je me pris bientôt à causer avec M. de B. Je m'étais singulièrement abusé sur son compte. Durant le trajet de Mondeberre à Peveney, j'appris à le connaître et à l'apprécier. C'est un jeune homme charmant, joignant aux plus nobles qualités de l'âme les dons les plus précieux de l'esprit. En arrivant à Peveney, nous étions déjà de vieux amis. Nous nous reverrons, à coup sûr.

Telle est l'histoire de ma journée. Je t'écris, comme l'autre soir, à la même heure, près de ma fenêtre ouverte. La nature est bonne, la solitude est douce. En cet instant, la lune éclaire le sentier où j'ai vu passer, hier, mademoiselle de Mondeberre à cheval; qu'elle était belle, gracieuse et charmante avec sa jupe d'amazone et ses blonds cheveux au vent! on eût dit une jeune guerrière. Qu'ai-je donc aujourd'hui, et d'où vient à mon cœur la douce ivresse qui l'inonde? Abîme, abîme mystérieux!

Karl Stein à Fernand de Peveney.

Pardieu ! je te trouve plaisant avec tes mystérieux abîmes. En tout ceci, je n'aperçois ni plus d'abîmes que sur ma main, ni plus de mystères que d'étoiles en plein midi. Tu aimes mademoiselle de Mondeberre. Eh bien ! mon cher garçon, je n'y vois pas grand mal. Elle est jeune, elle est belle ; tu es jeune encore, et, nous pouvons le dire, passablement tourné. Vos propriétés se touchent : les armoiries de Peveney écartelées de Mondeberre ne feront point mal sur un écusson. Si vous vous aimez, il faut vous marier, mes enfants. Et pourquoi pas, Fernand? Ce n'est pas moi qui t'en voudrais blâmer. La famille, à tout prendre, est une bonne chose, et je ne sache pas que nos socialistes modernes aient rien imaginé de mieux. J'ai longtemps réfléchi sur tes goûts et sur ton caractère : je te dois cette justice, qu'au milieu même de tes plus grands écarts, j'ai toujours reconnu en toi une âme amie de l'ordre et du devoir. Je te crois né pour le mariage, et j'ai la conviction que, si ton choix est bon, tu goûteras en cet état, le seul convenable en ce monde, tout le bonheur qu'il est permis de goûter ici-bas. Je me réjouis donc de te voir rôder, peut-être à ton insu, autour de la vraie destinée de l'homme ; je te sens près de trouver ta voie. Seulement, ne te hâte pas ; que ton cœur se repose encore ; avant de l'offrir et de le donner, laisse-lui le temps de s'épurer et de refleurir ; qu'il soit digne de l'enfant qui l'aura su charmer. Et puis, Fernand, puisqu'il en est ainsi, tu dois à madame de Rouèvres, tu dois surtout à mademoiselle de Mondeberre d'en finir, sans plus attendre, courageusement et loyalement avec le passé. N'outrage ni tes souvenirs ni tes espérances. Que madame de Rouèvres ne puisse jamais supposer que tu l'as délaissée pour former de nouveaux liens ; qu'elle ait du moins, dans son abandon, la consolation de se dire que tu ne l'as point sacrifiée à une rivale plus belle et plus jeune, mais que ton amour a cessé parce que tout finit sur la terre. D'une autre part, que mademoiselle de Mondeberre ne puisse jamais soupçonner que ton amour pour elle a germé dans les cendres encore tièdes d'un autre amour à peine éteint, et que tu as profané son image en la mêlant aux préoccupations d'une passion agonisante. Respecte ces deux femmes, l'une parce que tout amour est respectable, même celui qu'on ne partage plus ; l'autre, parce qu'on ne saurait entourer de trop de soins et de vénération ces jeunes et blanches âmes qui n'ont point secoué leur poussière virginale.

C'est tout ce que j'avais à te dire. Je me suis présenté plusieurs fois pour voir madame de Rouèvres ; la comtesse est inabordable. Quant aux vengeances du mari, n'en ris pas. Cet homme est étrange ; il lui échappe parfois, dans l'entretien le plus paisible, des mots qui me le font regarder avec stupeur. Sous des dehors d'une simplicité réelle, il cache une énergie qui serait terrible au besoin. Heureusement, il ne se doute de rien, et ne parle de toi qu'avec affection. Il se plaint de ta longue absence, et veut t'écrire pour hâter ton retour. Ils sont tous les mêmes. Adieu.

Fernand de Peveney à Karl Stein.

Le soleil n'envahit pas tout d'un coup l'horizon ; l'aube éveille d'abord les oiseaux et les brises ; l'orient blanchit et se colore ; de confuses rumeurs montent des vallées aux côteaux. Ainsi l'amour a son crépuscule matinal, rempli de frais mystères et de préludes enchanteurs. Pourquoi donc avoir si brusquement éclairé mon cœur ? Pourquoi cet empressement à le dénoncer à lui-même? Pourquoi m'avoir sitôt appris ce que sans toi j'ignorerais encore? Tu vas droit au but, et ne vois pas que tu supprimes ainsi ce que l'amour a de plus gracieux et de plus charmant, comme un homme qui retrancherait des spectacles de la nature les images et les harmonies qui précèdent le lever du jour.

Ami, qu'as-tu fait? Je ne me doutais de rien; j'étais sans trouble et sans défiance. Je me laissais aller mollement à la dérive du flot qui me berçait, sans m'apercevoir seulement que j'avais quitté le rivage. Je voyais cette enfant tous les jours, mais ce que j'éprouvais auprès d'elle ressemblait si peu à ce que j'avais éprouvé jusqu'alors, que j'étais loin d'imaginer que ce pût être de l'amour. Comment donc, en effet, l'aurais-je soupçonné? L'amour n'avait été pour moi qu'une fièvre des sens, un transport au cerveau, je ne sais quoi d'inquiet et de maladif qui, même au plus fort de l'ivresse, pesait sur mon front comme une atmosphère orageuse. L'âme désordonnée d'Arabelle avait envahi tout mon être ; l'amour ne m'était connu que par ses fureurs. Comment aurais-je pu, près d'Alice, me croire atteint de ce même mal dont j'étais encore meurtri et tout brisé ? Le naufragé qui n'a vu l'Océan que soulevé par les tempêtes reconnaît-il dans l'onde unie comme un miroir la mer en courroux qui l'a jeté sans vie sur la grève ? Je m'oubliais auprès de cette enfant comme au bord d'un lac pur et paisible. Je respirais sa jeunesse, et la sérénité de son regard descendait insensiblement dans mon sein. En la voyant, tous mes sens étaient ravis, sans qu'il me vînt à l'idée de me demander pourquoi. Sa beauté me pénétrait comme une douce flamme. Au lieu de me troubler, quand mon passé grondait dans mon sein, sa seule présence suffisait à me calmer, pareille à l'étoile mystérieuse qui apaise les flots irrités. Le son de sa voix me charmait à mon insu, ainsi que le murmure des brises dans les bois : son sourire se jouait au fond de mon âme comme un rayon de lune dans le cristal d'une source. Lorsqu'elle marchait, c'était un fil de la Vierge qui glissait sur l'azur du ciel. Pouvais-je deviner, à ces enchantements, l'amour éclos ou près d'éclore? Je ne soupçonnais rien, je ne prévoyais rien : je subissais le charme sans songer à m'en rendre compte.

Malheureux, tu as changé tout cela! En éclairant mon cœur, tu as effarouché toute une jeune couvée d'espérances qui ne faisaient que d'y naître, et qui commençaient à peine de gazouiller. Depuis que tu m'as dit ce que je ne m'étais pas encore dit à moi-même, je ne sens en moi que trouble et confusion. Je n'aborde plus Alice qu'en tremblant. Je souhaite et je fuis sa présence; je la crains et je la recherche. Contraint et silencieux auprès d'elle, loin d'elle je m'agite et je souffre. Je pâlis sous ses regards; un de ses sourires précipite mon sang ou l'arrête : que sa robe m'effleure en passant, je frissonne de la tête aux pieds. Et cependant, ami, ce trouble que j'éprouve est si chaste, que les anges eux-mêmes ne s'en effraieraient point; le mal que j'endure est si doux, que je ne voudrais pas en guérir. Tu l'as dit, oui, c'est bien l'amour! c'est l'amour, ô mon Dieu, je le sens aux divins transports de mon âme, qu'il épure tout en l'agitant! Je le reconnais au fier sentiment de mon être, qu'il relève et qu'il améliore. C'est le céleste amour, tel que je le rêvais à vingt ans, et dont je n'avais jusqu'à présent embrassé que l'imparfaite image. Mais comment oser en parler ? Où trouver des mots dont je n'aie point profané l'usage ? Le cœur est si riche et la langue est si pauvre ! Est-ce à toi d'ailleurs, témoin et confident de mes folles tendresses, que j'ouvrirai mes nouveaux trésors ? Mêlerai-je dans ta pensée les noms d'Alice et d'Arabelle ? Parerai-je un amour naissant des dépouilles d'un amour évanoui ? Ah ! laissons-la germer en silence, cette fleur du véritable amour ; enveloppons-la d'ombre et de mystère ; craignons de la flétrir, même en la regardant !

Karl Stein à Fernand de Peveney.

Le temps presse. Je t'écrirai demain ; aujourd'hui, rien qu'un mot. Fernand, tu n'as pas un jour, pas une heure, pas un instant à perdre. Il y va de plus que ta vie. Après avoir lu ces lignes, écris à madame de Rouèvres. Écris-lui que tout est fini, sans rémission, sans appel, irrévocablement fini. Sois franc, sois ferme, sois brutal ; plus de pitié, point d'attendrissement. Qu'il n'y ait pas dans ta lettre un terme ambigu, une phrase équivoque, pas un brin d'herbe où se rattache l'espérance. Que ce soit comme un coup de hache asséné par un bras vigoureux. Porte toi-même cette lettre à la poste; assure-toi qu'elle partira par le plus prochain courrier. Malheureux, que ne peux-tu lui coudre des ailes ! Fais ce que je te dis, aveuglément, sans hésiter, sans demander pourquoi. Cela fait, sois prêt à tout, et tiens-toi prudemment sur tes gardes.

Fernand de Peveney à Madame de Rouèvres.

Mes lettres vous offensent, mon silence vous blesse ; quoi que je puisse faire, je ne réussis qu'à vous irriter. Vous avez raison, le rôle que je joue est indigne de vous et de moi, et, quoiqu'il m'en coûte, j'aime mieux déchirer votre cœur que de le tromper. Arabelle, en partant, je vous ai dit un éternel adieu. Ne pensez pas que ce sacrifice ne m'ait point demandé d'effort, ni que je m'y résigne aisément. Je gémis autant que vous de la nécessité qui nous sépare; à cette heure encore, si je croyais pouvoir quelque chose pour votre bonheur, j'oublierais que vous ne pouvez rien désormais pour le mien. Mais le bonheur est un échange, et qui ne reçoit rien ne rend rien. Rappelez-vous les luttes et les agitations au milieu desquelles nous venons de vivre : je sentirais en moi le courage de recommencer une pareille vie que j'y renoncerais encore, ne voulant plus, ne devant point vouloir d'un jeu funeste où je ne saurais risquer ma destinée sans compromettre en même temps la vôtre. J'avais compté sur l'absence pour pacifier votre tendresse et pour en calmer les orages; d'une autre part, j'avais espéré de l'influence de ces campagnes pour reposer mon amour et pour en raviver les ardeurs ; je m'étais abusé. Votre tendresse s'est aigrie ; de mon côté, je n'ai retiré de la solitude que le sentiment réfléchi de mon impuissance et la résolution de ne plus m'exiler de ces lieux, où me fixent mes goûts paisibles et mes modestes ambitions. Ce n'est pas vous que je quitte, vous me serez éternellement chère ; c'est avec la passion que je romps, avec la vie de trouble et de désordre qui en est inséparable et qui répugne à tous mes instincts. Séparons-nous donc noblement, et qu'il ne se mêle point à nos larmes d'autre amertume que celle des regrets. N'imitons point ces amants opiniâtres qui ne brisent leur chaîne qu'après l'avoir arrosée de fiel et passent tout meurtris de l'amour à la haine, sans laisser place au souvenir. Ma résignation n'a rien qui vous doive outrager : je vous rends, jeune et belle, au monde où vous régnez ;

j'ensevelis dans la retraite une jeunesse qui touche à sa fin, et dont vous aurez eu la plus belle part.

Karl Stein à Fernand de Peveney.

Tandis que là-bas tu te couronnais de bluets et de paquerettes, voici ce qui se passait ici.

Hier, au saut du lit, sur le coup de dix heures, je venais d'achever la lecture de mon journal, et, dans cette position éminemment méditative qui consiste à se tenir assis sur le dos, je digérais nonchalamment les billevesées politiques et littéraires qu'on me sert chaque matin sous bande, en guise de déjeuner intellectuel, lorsque le jeune esclave qui cumule dans mon intérieur les fonctions de groom et de valet de chambre, vint m'annoncer d'un air mystérieux qu'une dame voilée demandait à me parler. Ce ne pouvait être que madame de Rouèvres : c'était elle. Elle se précipita comme une lionne dans mon cabinet, et sans me donner le temps de dire un mot : « Que se passe-t-il ? que fait Fernand ? pourquoi ne revient-il pas ? Vous le savez ; parlez, ne me cachez rien : la mort vaut mieux que l'incertitude dans laquelle je vis depuis ce funeste départ. » Sa voix était brève, son visage pâle, son regard fiévreux. J'essayai de la calmer ; mais elle m'interrompit aussitôt. « Il ne m'aime plus ! il ne m'aime plus ! » Et se laissant tomber dans un fauteuil, elle éclata en sanglots. Bien que je sois peu accessible aux émotions de cette nature, sa douleur me toucha. Je me décidai à mettre en jeu tout ce que le ciel m'a départi d'éloquence pour lui démontrer que tu n'avais point cessé de l'aimer. Madame de Rouèvres m'arrêta court, et je dus essuyer une bordée d'imprécations à ton adresse, dans lesquelles les noms d'ingrat, de parjure et de traître ne te furent point épargnés. Je pensai que tu avais porté le dernier coup, et que, tout étant fini, il ne me restait plus qu'à prêcher la résignation. Je hasardai donc quelques maximes aussi neuves que consolantes sur l'instabilité des affections humaines; mais à peine eut-elle compris où je voulais en venir, qu'elle se récria en demandant d'un ton superbe si je la jugeais indigne de ton cœur et de ton amour. Ne sachant plus à quel saint me vouer, je pris le parti de m'en tenir à mon rôle d'honnête homme, le plus simple et le plus facile en ceci comme en toutes choses. Comprenant enfin qu'en venant à moi, elle n'avait obéi qu'au pressentiment de sa destinée, je résolus, tout en ménageant son orgueil et son desespoir, de déchirer le voile que tu n'avais fait encore que soulever. Je commençai par protester de la sincérité de ta tendresse ; puis j'en vins doucement à lui laisser entrevoir que votre attitude vis-à-vis de M. de Rouèvres répugnait à la loyauté de ton caractère autant qu'à ton amour la vie de ruse et de duplicité, que vous aviez dû vous imposer vis-à-vis du monde. Ici, nouvel embarras ! « N'est-ce que cela ? s'est-elle écriée ; je suis prête à lui tout sacrifier avec joie. Qu'il dise un mot ; honneur, fortune, considération, je foule tout aux pieds pour aller vivre seule avec lui au fond des bois. »

A mon tour je me récriai ; je m'efforçai de lui faire entendre qu'on ne vit pas au fond des bois, que la passion n'est point éternelle, et qu'une heure arrive infailliblement où la raison reprend son empire. Mais voici bien une autre fête ! Voici qu'au plus bel endroit de mon sermon, on vient m'annoncer qu'un étranger est-là, qu'il demande à m'entretenir, qu'il n'a pas un moment à perdre. Je me jette hors de mon cabinet, et me trouve nez à nez avec M. de Rouèvres, aussi grave, aussi froid, aussi calme que d'habitude. « Rien qu'un mot, me dit-il en refusant de s'asseoir. Ayant à vider une petite affaire, j'ai pensé qu'il ne vous déplairait pas de me servir de témoin. Ce soir, à huit heures, au bois de Vincennes, puis-je compter sur vous ? — Toujours et partout, répondis-je. Cette affaire.... — Est de celles qui ne s'arrangent pas. — Puis-je savoir ?... — Rien n'est plus simple. » Et là-dessus, de me raconter que la veille, dans un raout, en passant près d'un groupe de jeunes gens qui ne le soupçonnaient pas si près, il avait entendu prononcer le nom de sa femme et le tien. « Le monde est infâme, ajouta-t-il; rien n'est sacré pour lui. Il s'attaque aux plus nobles âmes, il outrage les liens les plus purs. » Juge de ma consternation. Confident des amours de la femme, devais-je assister le mari dans une pareille lutte? L'honneur me criait que non; mais comment éluder la tâche que j'avais acceptée? « A ce soir donc! dit le comte en se retirant. — A ce soir! répétai-je sans oser lui toucher la main. » Je retrouvai Arabelle plus morte que vive, l'œil hagard, la bouche livide. Elle avait tout écouté, tout entendu. Elle demeura longtemps muette, à me regarder d'un air égaré. « Je suis perdue, me dit-elle enfin. — Je tâchai de la rassurer, mais à tout ce que je pus dire, elle ne répondit que ces mots : « Je suis perdue ! je suis perdue ! » Quand je la vis près de se retirer : « Qu'allez-vous faire ? lui demandai-je avec anxiété. — Je n'ai plus que deux refuges, dit-elle : si l'un m'échappe, l'autre plus sûr, ne me manquera pas. » Je l'obligeai à se rasseoir ; je m'épuisai à lui prouver qu'il fallait attendre, que rien n'était désespéré, qu'elle allait tout compromettre en tout précipitant. Tout ce que je pus obtenir d'elle, fut qu'elle ne déciderait rien sans m'avoir consulté. Elle partit. Je restai plus d'une heure à la même place, sondant avec effroi l'abîme entr'ouvert sous tes pieds. Le temps fuyait. Je t'écrivis à la hâte quelques lignes seulement, pour te crier gare ! A sept heures, on vint m'avertir que la voiture du comte m'attendait à la porte. Durant le trajet, M. de Rouèvres s'entretint avec moi comme s'il se fût agi d'un rendez-vous de chasse. Arrivé sur le terrain, les conditions du combat une fois réglées, il prit une épée et se mit en garde. Ce fut l'affaire d'un instant. Je vis sa lame voltiger, s'allonger, glisser comme un éclair, puis se relever et rester immobile, tandis que notre adversaire tombait raide sur le gazon. Ce n'est pas tout : il en restait un autre, un joli jeune homme, mince comme un roseau, blanc et rose comme une fille de quinze ans, cigare au bout des lèvres, œillet rouge à la boutonnière. Les témoins ayant décidé, pour égaliser les chances, que cette seconde affaire se viderait au pistolet, tous deux se placèrent à quarante pas de distance et marchèrent armés l'un sur l'autre. Au bout de dix pas, le jeune homme fit feu ; M. de Rouèvres ne broncha pas. Ce beau fils est un jeune brave : il s'effaça, croisa tranquillement ses bras sur sa poitrine, et continua de fumer, tandis que M. de Rouèvres s'avançait, pistolet au poing. A quinze pas, le comte l'ajusta et lui enleva le cigare qu'il tenait à la bouche. « Pardieu ! Monsieur, dit le jeune homme avec humeur, vous êtes un maladroit ! — Au contraire, Monsieur, répliqua M. de Rouèvres : on ne fume pas sous les armes. » Cela dit, il salua froidement et gagna sa voiture, aussi calme que s'il venait de tuer un lièvre, et de manquer un lapereau. Fernand, si tu te bats jamais avec ce diable d'homme, que ce soit à coups de faux, à coups de sabre, à coups de canon ; mais garde-toi de l'épée et du pistolet.

Tel est le récit fidèle des événements de la journée d'hier. Maintenant que va-t-il se passer ? A la grâce de Dieu. Voici pourtant où t'aura conduit ton système de ménagements et de temporisation ! Ou je me trompe fort, ou tu vas te trouver acculé dans la plus horrible impasse où puisse s'étouffer la destinée d'un galant homme. Ne comprends-tu pas, malheureux, que cette femme, depuis ton départ, ne cherche qu'un prétexte pour s'aller jeter dans tes bras? La passion suffirait à l'y précipiter ; mais penses-tu qu'elle hésite à cette heure, qu'elle se sent dénoncée à l'opinion et qu'elle voit son mari sur la voie de son déshonneur? Les sacrifices lui coûteront d'autant moins qu'elle n'a plus grand'chose à perdre, et qu'il n'est rien d'ailleurs qu'elle ne sacrifiât avec joie à l'espoir de réveiller ton cœur et de ressaisir ton amour. Voyons, qu'as-tu fait pour parer le coup qui te menace? Cette lettre de rupture est-elle écrite? est-ce franc, net, décisif? ta main n'a-t-elle point tremblé? Ce n'est plus d'Arabelle qu'il s'agit cette fois, c'est de ton

repos, de ton avenir, de ta vie tout entière.
Puisse cette lettre arriver assez tôt! Si, fidèle à sa promesse, madame de Rouèvres ne tente rien sans m'avoir revu, sans m'avoir consulté, rien n'est perdu. Je lui dirai, moi, que tu ne l'aimes plus; ce courage que tu n'as pas eu, je l'aurai pour vous sauver tous deux. Mais qui me dit qu'il en est temps encore? qui me dit qu'à cette heure Madame de Rouèvres n'est pas sur la route de Peveney?

P. S. Bon courage, ami! rien n'est désespéré. Je n'ai pu arriver jusqu'à la comtesse; mais j'ai vu le comte, qui m'a paru d'une sérénité parfaite. Il parle d'enlever sa femme pour la mener aux eaux. Je ne m'étonnerais pas que la conduite qu'il vient de tenir rendît Arabelle au sentiment de ses devoirs. On a vu de ces retours soudains : je crois même qu'on en cite jusqu'à trois exemples. Adieu donc ! Mon amitié, trop prompte à s'alarmer, s'était exagéré les dangers de la situation : tout est calme, rassure-toi.

I

Les deux dernières lettres de Karl Stein surprirent brusquement M. de Peveney au milieu de ses rêves de félicité rustique. L'une fut l'éclair, l'autre le coup de foudre. Fernand vit son passé se dresser comme un mur prêt à lui barrer l'avenir. Après avoir écrit à madame de Rouèvres et porté lui-même sa lettre à la poste, conformément aux ordres qu'il avait reçus, M. de Peveney compta les heures avec une anxiété qu'on peut imaginer sans peine. Il connaissait le sang-froid de son ami aussi bien que l'exaltation de sa maîtresse; il avait compris, au premier cri d'alarme, que le danger était imminent. Le lendemain, levé avant l'aube, il attendit l'arrivée du facteur dans d'inexprimables angoisses. En lisant le récit que lui faisait Karl Stein, ses perplexités redoublèrent. Il pressentit dans sa destinée quelque chose d'irréparable. Cependant les dernières lignes le rassurèrent, et, en calculant que la lettre qu'il avait écrite la veille arriverait le lendemain à son adresse, il se remit de son épouvante.

Il alla, le soir, à Mondeberre; il y porta les préoccupations qui l'agitaient encore malgré lui. Il y fut distrait, sombre, taciturne.

Madame de Mondeberre en fit la remarque tout haut. Alice se mit au piano et chanta les airs qu'il aimait, tandis que sa mère l'interrogeait avec une discrète sollicitude ; mais plus ces deux femmes s'empressaient autour de lui, plus il sentait augmenter sa tristesse. Il s'en revint en proie à une dévorante inquiétude, oppressé, mal à l'aise, comme si l'air avait été chargé de tempêtes. L'air était frais et le ciel pur : il n'y avait d'orageux que son cœur. En approchant de sa maison, il aperçut dans l'ombre une voiture attelée devant sa porte. Ses jambes se dérobèrent sous lui, et son front se mouilla d'une sueur froide. Il eut la pensée de s'enfuir. Il s'enfuit en effet et ne rentra que bien avant dant la nuit; mais il ne put s'empêcher de sourire de ses terreurs et de gourmander sa faiblesse, en apprenant que la voiture qui l'avait si fort effrayé était celle de Gaston de B...., qui, se trouvant dans le voisinage, était venu pour lui serrer la main.

Le jour qui suivit fut le jour de la délivrance. Le facteur ayant passé sans s'arrêter, Fernand augura bien du silence de son ami et du silence d'Arabelle. En même temps, il se dit qu'à cette heure sa lettre de rupture était nécessairement entre les mains de madame de Rouèvres. Libre! il était libre! Étrange liberté, qui lui apparaissait sous les traits d'une jeune reine, et qu'il saluait chargé de nouveaux liens : image de cette autre liberté que nous ne nous lassons pas de poursuivre, et que nous croyons avoir saisie quand nous avons changé d'esclavage!

Quoique un peu mêlée de trouble et d'appréhensions, cette journée fut pour Fernand véritablement enchantée. Dans l'après-midi, madame de Mondeberre et sa fille vinrent le surprendre à son gîte. — Soyez bénies mille fois? dit M. de Peveney en leur donnant la main pour descendre de leur calèche. Votre présence ici réalise le plus doux de mes rêves; c'est un bonheur que je n'aurais pas osé solliciter.—Vous le devez à votre tristesse d'hier, dit madame de Mondeberre en souriant; d'ailleurs nous avions projeté depuis longtemps de visiter votre petit royaume. — C'est le vôtre, Madame, ajouta Fernand en lui baisant la main avec respect. —Tandis qu'ils parlaient, mademoiselle de Mondeberre était déjà dans le jardin, courant, légère et curieuse, le long de ces allées peuplées de son image, où Fernand la suivait d'un regard surpris et charmé. Embellie par la présence de ces deux aimables créatures, sa retraite s'anima tout-à-coup et prit une face nouvelle. Ce fut pour lui comme un avant-goût des félicités vers lesquelles son âme tendait en secret; il lui sembla qu'il faisait, pour ainsi parler, une répétition du bonheur. Ayant prié madame de Mondeberre de dîner à Peveney, il y mit tant d'insistance, qu'elle y consentit. Ce fut le complément de la fête, et jamais favori recevant sa souveraine, ne tressaillit de plus de joie ni de plus d'orgueil que Fernand en voyant sous son toit, à sa table, tant de grâce et tant de beauté. La joie brillait aussi dans les yeux d'Alice, et madame de Mondeberre, heureuse et recueillie, paraissait absorbée dans la contemplation de ces deux jeunes gens; car, bien qu'il eût essuyé les premiers orages de la vie, Fernand était encore dans tout l'éclat de la jeunesse. Le mauvais vent des passions avait passé sur son front comme sur son cœur sans en altérer la pureté. Il avait conservé tout le charme du jeune âge, de même qu'il en avait encore le facile enthousiasme et tous les généreux instincts, si bien qu'en le voyant auprès de mademoiselle de Mondeberre, il était impossible de ne point fiancer par la pensée ces deux nobles et beaux enfants, tant ils semblaient créés l'un pour l'autre.

Quand l'heure fut venue pour Alice et sa mère de reprendre le chemin du château, Fernand s'excusa de ne les point accompagner. L'amour n'est que contradiction : loin de l'être aimé, il se consume et se dévore; en sa présence, il aspire à la solitude, comme si l'image et le souvenir étaient plus doux que la réalité. Une fois seul, M. de Peveney s'abîma tout entier dans le sentiment de son bonheur. C'est surtout au sortir des passions tumultueuses qu'on se plaît aux chastes délices d'un amour jeune, honnête et pur. Fernand passa le reste de la soirée, à chercher sur le sable la trace des petits pieds d'Alice, à s'asseoir, çà et là, où elle s'était assise, à baiser les objets qu'avaient touché ses mains, à recueillir les débris de fleurs qu'elle avait effeuillées en se jouant. Puérilités charmantes ! adorables enfantillages ! malheur à celui dont vous avez cessé d'être l'occupation la plus sérieuse !

Cependant que faisait Arabelle ? Fernand ne se le demandait plus. Bien qu'il n'en fût pas encore arrivé au point d'égoïsme et de philosophie où l'on se débarrasse d'un amour importun sans plus de souci que s'il s'agissait d'un vêtement passé de mode, tel est l'entraînement d'un amour qui commence, et tel est le néant d'un amour qui n'est plus, que ce jeune homme, se jugeant hors de tout danger, s'abandonnait sans remords au charme de sa passion naissante.

Le lendemain, lorsqu'il s'éveilla, le soleil entrait à pleins rayons dans sa chambre. Il se leva le cœur content et l'esprit joyeux. Il y avait longtemps que la vie ne lui avait paru si légère. Il ouvrit la fenêtre et s'enivra de l'air du matin. Le facteur en passant lui remit une lettre de Karl Stein, quelques lignes seulement qui achevèrent de le rassurer. Sur le tantôt, il fit seller son cheval et se rendit à Mondeberre, ainsi qu'il s'y était engagé la veille. Il trouva au château M. et madame de B..... et quelques amis des environs, qui s'y réunissaient chaque année, à pareil jour, pour fêter l'anniversaire de la naissance d'Alice.

Lorsqu'il parut, au trouble de mademoiselle de Mondeberre, il se sentit le roi de la fête Jamais la belle enfant n'avait été si belle qu'en ce jour, dans toute la fraîcheur de ses dix-sept ans accomplis. Fernand l'admirait à l'écart. Rien n'est si doux que de voir une jeune et noble créature entourée de chastes hommages, d'être soi-même mêlé à la foule, et de pouvoir se dire : — C'est moi qu'à l'insu d'elle-même son cœur en s'éveillant, a choisi entre tous ; c'est sous le feu voilé de mon regard que ce front se colore d'une aimable rougeur. J'ai donné la vie à cette blanche Galathée ; c'est pour moi seul que ce lis a grandi ; c'est sous mon toit qu'il achèvera de fleurir. — Telles étaient les pensées qu'en secret caressait Fernand, car il osait déjà la saluer dans l'avenir des noms charmants d'amante et d'épouse, lorsqu'il reconnut, s'avançant à travers les arbres du parc, un de ses serviteurs qui semblait le chercher d'un œil inquiet et d'un air mystérieux. M. de Peveney se troubla.

En cet instant, il était assis près de madame de Mondeberre, à quelques pas d'Alice, qui s'entretenait avec sa cousine, tandis que M. de B. et le reste de la société, groupés çà et là, agitaient les affaires du jour dans une discussion générale.

Fernand se leva, fit quelques pas vers son serviteur. Celui-ci lui remit une lettre et se retira en silence. Le jeune homme examina la suscription : à la hâte et fraîchement tracés, les caractères étaient à peine lisibles ; l'encre en était encore humide. Pliée précipitamment, la lettre n'avait pas de cachet. Toutefois, soit discrétion, soit qu'il sût à quoi s'en tenir, M. de Peveney ne l'ouvrit point; mais, la froissant entre ses doigts, il alla reprendre sa place.

A peine fut-il assis, les conversations cessèrent brusquement, et tous les regards se tournèrent vers lui avec inquiétude. Il était si pâle et si défait, qu'on pensa qu'il s'allait trouver mal. Il essaya de sourire; ses lèvres s'y refusèrent. Il voulut parler; on eût dit, à l'étranglement de sa voix, qu'une main de fer lui serrait la gorge. Pendant ce temps, un œil observateur aurait pu lire sur le visage de mademoiselle de Mondeberre ce qui se passait sur celui de Fernand. Enfin, par un violent effort, M. de Peveney parvint à dompter le trouble de son âme et à ressaisir ses esprits égarés. Tout fut expliqué par une indisposition subite et passagère, et il n'y eut qu'Alice et sa mère qui ne se contentèrent point de la banalité de la formule. Toutes deux observaient Fernand, l'une à la dérobée, l'autre avec une anxiété maternelle. Cependant, les entretiens s'étant renoués, M. de Peveney profita d'un instant où la discussion, redevenue générale, absorbait toutes les attentions, pour s'esquiver sans être remarqué. Il courut aux écuries du château; brida lui-même son cheval; mais, comme il s'apprêtait à mettre le pied à l'étrier, il aperçut, venant à lui, madame de Mondeberre, dont il n'avait pu réussir à tromper la sollicitude.

— Vous partez, vous souffrez; qu'avez-vous? lui dit-elle en l'entraînant doucement sous les tilleuls qui ombrageaient la cour. Mon enfant, qu'il soit permis à ma tendresse de vous donner ce nom, ajouta-t-elle en lui prenant les mains avec effusion; confiez-moi le mal de votre âme. Ce n'est pas moi qu'on trompe et qu'on abuse. Depuis quelques jours, vous n'êtes plus le même. Versez vos peines dans le sein de votre vieille amie, car je suis votre vieille amie, Fernand. Votre père m'aimait et j'aimais votre père. Vous ne savez pas, je ne vous ai pas dit que, peu de temps avant sa mort et pressentant sa fin prochaine, il me confia le soin de votre destinée. Vous ne savez pas quels doux rêves nous avons échangés, mêlés et confondus durant les derniers jours qu'il passa sur la terre. Craignant d'enchaîner vos inclinations et de contrarier vos instincts, je dus vous laisser ignorer l'avenir que nous vous avions préparé en silence. Vous n'avez rien su, je ne vous ai rien dit : vous cependant, depuis votre retour, n'avez-vous pas pénétré mes projets et deviné mes vœux les plus chers ?

— Madame, s'écria M. de Peveney d'une

voix déchirante, voulez-vous que je meure de douleur à vos pieds? Prenez pitié de ma misère! Ne montrez pas le ciel à un malheureux qui vient peut-être de le perdre à jamais!

— Quel chagrin vous égare? reprit avec bonté madame de Mondeberre. Jeune ami, confiez-vous à moi qui suis prête à vous confier ce que j'ai de plus précieux au monde. Voici longtemps que dans mon cœur je vous nomme mon fils. Quand je vous connus, à peine échappiez-vous à l'adolescence, et dès-lors je caressai en vous un espoir confus et lointain. Je vous vis sans effroi quitter nos campagnes : ce départ servait mes desseins. Je savais que vous me reviendriez, éprouvé peut-être, mais partant meilleur. Fernand, vous êtes revenu. Je m'étais alarmée de votre longue absence; quelle ne fut pas ma joie de vous retrouver digne du trésor que je vous réservais, et d'assister jour par jour à la réalisation de mes espérances! Vous le voyez, je vais au-devant de vos aveux : c'est une mère qui vous parle; jugez par-là si je vous aime et si je mérite votre confiance.

— Madame, répondit M. de Peveney avec un sombre désespoir, je serais le plus heureux des hommes si je n'en étais le plus infortuné et le plus misérable. Digne à la fois de l'envie et de la pitié de tous, je porte en moi le ciel et l'enfer, et Dieu m'accable en même temps de ses bienfaits et de ses rigueurs. N'en demandez pas davantage. Je ne sais pas moi-même le destin qui m'attend; mais, quel qu'il soit, croyez, Madame, que, tant que je vivrai, votre image et votre souvenir rempliront tout entier mon cœur.

A ces mots, il sauta sur son cheval et partit. Qu'allait-il faire? Sa tête était comme une arène où mille projets en lutte se détruisaient les uns les autres. Il pressait avec rage les flancs de son cheval, dans l'espoir de se briser le crâne contre les arbres du chemin. Une fois seul et libre de toute contrainte, il s'était abandonné sans frein aux mouvements impétueux de son âme. Pâle, les yeux ardents et les lèvres tremblantes, à demi plié sur sa selle, on l'eût dit emporté dans l'espace par l'orage de sa colère. Durant le trajet de Mondeberre à Peveney, il comprit la haine et toutes ses fureurs ; dans l'égarement de ses sens déchaînés, il aborda tour à tour la pensée du meurtre et celle du suicide. Enfin son cheval s'arrêta tout fumant devant la grille du jardin.

II

Fernand mit pied à terre, et, avec cette résolution brutale que donne le désespoir, il entra d'un pas ferme dans sa maison. Il la trouva déserte; rien n'y révélait la présence ni même l'arrivée récente d'aucun hôte. Il appela; pas une voix ne répondit. Ses gens, qui ne l'attendaient que le soir, étaient absents; le serviteur qui lui avait porté la fatale nouvelle n'était point encore de retour. Un rayon d'espérance éclaircit son front et traversa son cœur. Cette lettre qui venait de le ramener comme la foudre, il se rappela tout à coup qu'il ne l'avait même pas ouverte, et qu'il n'en connaissait que la suscription. N'avait-il pas été trop prompt à s'effrayer? Ses yeux ne l'avaient-ils point abusé? Prêt à sourire encore une fois de sa terreur et de sa faiblesse, il prit cette lettre dans la poche de son habit ; mais comme, après avoir examiné de nouveau avec une attention sérieuse les caractères de l'adresse, il se préparait à l'ouvrir, il entendit le frôlement d'une robe dans l'escalier qui montait à sa chambre, et presque au même instant il se sentit enlacé par les bras d'une femme qui le couvrait de pleurs et de baisers, en s'écriant d'une voix éperdue :

—Fernand! mon Fernand! c'est donc vous

qu'enfin je revois ! Hélas ! j'ai bien pleuré, j'ai bien souffert... Tous les spectres hideux, tous les pâles fantômes que l'absence traîne avec elle, je les ai tous vus, dans mes nuits sans sommeil, s'abattre à mon chevet. Cruel, pourquoi ne venais-tu pas? et que tes lettres étaients froides ! J'ai cru que tu ne m'aimais plus, ingrat, et j'ai souhaité mourir... Tu souffrais aussi, mon Fernand; ton cœur s'indignait de la ruse, et ton amour de la contrainte. C'était là le secret, n'est-ce pas, de tes sombres emportements et de ton humeur irascible? Je t'ai compris enfin ! Mais toi, comment ne comprenais-tu pas que, sur un mot, sur un geste de toi, j'aurais tout quitté pour te suivre? Tu le savais, ton âme généreuse a voulu me laisser toute la gloire du sacrifice. Eh bien ! je suis venue, me voici ! me voici désormais tout entière à toi seul. Parle-moi ; pourquoi me regarder ainsi ?

C'est la surprise, c'est la joie : moi-même, je ne me connais plus; je ris, je pleure, je suis folle !

Ainsi parlant, riant en effet et pleurant à la fois, elle baisait les mains de Fernand et se suspendait, comme une liane, au col du jeune homme, tandis que celui-ci, debout et immobile, blanc et froid comme un bloc de marbre, la regardait d'un air stupide et paraissait ne rien comprendre aux paroles qu'il entendait. Elle l'entraîna vers un divan qui occupait le fond de la chambre, le fit asseoir comme un enfant, et, s'agenouillant à ses pieds :

— Te souviens-tu, lui dit-elle, d'un temps où ton amour ombrageux et jaloux s'irritait de n'être pas pour moi la vie tout entière ? Sois heureux, je n'ai plus que toi.

Ne t'effraie pas de ce que j'ai fait; surtout ne m'en remercie pas. Ce que je quitte ne vaut pas un regret; j'aurais quitté le ciel avec joie, si le ciel pouvait être où mon Fernand n'est pas. Que n'es-tu pauvre, malheureux et proscrit! Je ne sais que ta fortune qui soit de trop dans mon bonheur. Mais parle-moi donc, mon Fernand! dis-moi que tout ceci n'est point un rêve, car ce rêve enchanté, je l'ai fait si souvent, qu'à cette heure même, à tes pieds que j'embrasse, je me demande si ce n'est point une illusion près de m'échapper encore une fois.

— Non, non, ce n'est point un rêve! s'écria, en se frappant le front, M. de Peveney, que ces derniers mots venaient de ramener violemment au sentiment de la réalité. Mais vous n'avez donc pas reçu ma dernière lettre? ajouta-t-il en se levant.

— Voici deux jours, répondit Arabelle, que je suis sortie de ma maison pour n'y plus rentrer. De quelle lettre parles-tu?

— Sortie de votre maison pour n'y plus rentrer? Mais votre mari? demanda M. de Peveney, qui se contenait à peine.

— Mon mari, mon amant, mon Dieu, c'est toi! s'écria madame de Rouèvres toujours agenouillée, en pressant contre son sein les genoux de Fernand.

L'espoir que tout n'était pas perdu rendit à M. de Peveney sa présence d'esprit. Il sentit qu'il avait besoin de tout son sang-froid pour examiner la situation, et voir s'il n'était pas possible de se tirer d'un si mauvais pas.

— Voyons, Arabelle, dit-il en la relevant

d'assez mauvaise grâce, cessons, je vous prie, ces enfantillages. Asseyez-vous là, près de moi, et répondez à mes questions. Avez-vous, avant de partir, instruit M. de Rouèvres de votre résolution? Votre mari sait-il où vous êtes?

— Monsieur de Rouèvres ne sait rien encore, répondit Arabelle, un peu troublée de l'attitude de son amant. Il me croit à sa villa d'Auteuil, où, dans huit jours, il doit me venir prendre pour me conduire aux eaux.

— La dernière lettre que je vous ai écrite, reprit le jeune homme, est depuis hier à votre hôtel. M. de Rouèvres a-t-il jamais violé votre correspondance?

— Jamais, répondit Arabelle.

— Que deviennent les lettres qui, durant

votre absence, arrivent à votre adresse? Passent-elles sous les yeux de votre mari?

— Jamais. D'ailleurs, en partant, j'ai donné des ordres pour qu'on les brûlât.

— C'est bien, dit M. de Peveney. Ainsi, ajouta-t-il, vous êtes partie depuis deux fois vingt-quatre heures, et vous êtes censée à Auteuil, attendant M. de Rouèvres, qui a promis d'aller vous y rejoindre au bout d'une semaine, à compter du jour de votre départ? D'après ce calcul, nous avons devant nous cinq jours au moins de répit et de liberté.

— C'est plus qu'il n'en faut pour quitter la France! s'écria avec joie madame de Rouèvres, qui crut avoir enfin compris où tendaient les questions de Fernand. Sois tranquille, ajouta-t-elle, j'ai tout prévu, tout disposé pour notre fuite.

M. de Peveney ouvrit une fenêtre qui donnait sur la cour, et, apercevant son serviteur qui revenait de Mondeberre :

— André, cria-t-il, prends mon cheval, cours à Clisson et demande quatre chevaux de poste. Brûle la route, je t'attends dans une heure.

— Nous partons! nous partons! s'écria madame de Rouèvres. Fernand, l'Italie nous appelle; que de fois dans nos rêves nous l'avons visitée ensemble !...

M. de Peveney se prit à regarder cette femme avec un sentiment d'étonnement mêlé de compassion, sans songer que cette exaltation, qu'à cette heure il prenait en pitié, avait été long-temps son orgueil et ses délices les plus chers.

— Arabelle, s'écria-t-il enfin avec un ton d'autorité qui la fit tressaillir, vous avez eu tort de disposer de ma destinée sans m'avoir consulté. Il n'entre ni dans mes goûts ni dans mes principes d'accepter des sacrifices de la nature de ceux que vous m'offrez trop généreusement; mon cœur n'est point assez riche pour les reconnaître, et je ne sens en moi ni la passion ni l'entraînement qui excusent et légitiment de si étranges entreprises. Vous l'avez dit, nous allons partir; je vais vous reconduire à votre maison d'Auteuil. Rassurez-vous pourtant; mon projet n'est pas de vous abandonner lâchement dans la position périlleuse où votre imprudence nous a jetés tous deux. Si je forfais à l'amour, je ne faudrai point à l'honneur. Je suis prêt à subir avec vous toutes les conséquences de votre égarement; mais, auparavant, je vous dois et me dois à moi-même de tout tenter pour les prévenir.

Madame de Rouèvres demeura quelques instants écrasée sous le coup imprévu de ces rudes paroles. L'orgueil la releva et la soutint.

— Vous-même rassurez-vous, dit-elle avec fierté ; si j'ai cru pouvoir disposer de votre destinée, je ne me reconnais point le droit de vous embarrasser de ma personne. Je ne suis pas venue m'imposer à votre indifférence ni réclamer de votre honneur ce que me refuserait votre amour. Si je me suis trompée, c'est à moi seule de porter la peine de ce que vous avez eu raison d'appeler mon égarement.

A ces mots, elle fit quelques pas vers la porte. M de Peveney courut à elle et la retint. Quelque importun, quelque irritant que soit un amour qu'on ne partage plus, il n'est point d'homme qui se résigne aisément à perdre l'estime du cœur où il a régné, et tel a résisté à toutes les supplications de la tendresse et à toutes les imprécations de la haine, qu'une parole de dédain soumet aussitôt et ramène. D'ailleurs Fernand se jugeait responsable du parti qu'allait prendre Arabelle, et, s'il ne dépendait pas de lui d'agir en amant, tous ses instincts lui faisaient une loi de se conduire en galant homme.

La passion est ainsi faite : humble et fière, superbe et suppliante, aussi prompte à l'espoir qu'au découragement, un regard l'abat et un sourire la relève. Se sentant retenue par M. de Peveney, madame de Rouèvres crut voir aussitôt les bras d'un amant s'ouvrir avec joie pour la recevoir et l'étreindre.

— Ah! s'écria-t-elle avec transport, j'ai le secret de ta belle âme. Tu te demandes avec inquiétude si je ne les regretterai pas un jour, ces biens auxquels j'aurai renoncé pour te suivre. Tu crains d'être égoïste en acceptant l'offrande de ma vie tout entière. Que tu sais peu le prix de ton amour!

Elle parla longtemps avec la même exaltation, se retenant ainsi à un dernier rameau d'espérance. M. de Peveney l'avait fait asseoir près de lui; il comprit, en l'écoutant, que, pour en arriver à ses fins, il devait user de ruse et se garder d'exaspérer cette passion en la heurtant de front. Il n'ignorait pas à quelle âme il avait affaire, ni quels ménagements il avait à garder pour ne la point mettre aux abois. Il attira donc Arabelle doucement sur son cœur, et commença par l'entretenir avec une affectueuse gravité, tempérant tour à tour, par la tendresse ou par la raison, ce que ses discours pouvaient avoir de trop sévère ou de trop passionné. Arabelle l'écouta d'abord avec une attention inquiète; mais à peine eut-elle entrevu où Fernand voulait en venir, qu'elle se cabra de nouveau sous le frein. Vainement M. de Peveney passa-t-il de la prière à l'emportement, en vain parla-t-il en maître et en esclave; il ne put ni la dompter ni la fléchir.

— A quoi bon tous ces discours et pourquoi vous donner tant de mal? s'écria-t-elle avec un sang-froid plus terrible que la colère; je ne vous demande point d'égards ni de pitié. Encore une fois ce n'est pas d'une affaire d'honneur qu'il s'agit ici, non plus que d'un cas de conscience. M'aimez-vous?

ne m'aimez-vous plus? Oui ou non, et tout sera dit.

Poussé à bout, M. de Peveney ne retint plus la vérité prête à s'échapper, comme un glaive, de sa poitrine; mais au premier mot qui sortit de sa bouche, il s'arrêta court, et madame de Rouèvres frissonna comme une biche qui, du fond des bois, entend résonner le cor des chasseurs.

III

Un bruit de pas montait dans l'escalier. Prompt comme la pensée, M. de Peveney se précipita vers la porte. Au même instant, cette porte s'ouvrit, et Fernand se trouva face à face avec un personnage qu'il n'attendait pas.

— Je regrette, Monsieur, dit le malencontreux visiteur, d'entrer ainsi à l'improviste; mais la faute en est à vos gens. Depuis près d'une heure que je suis votre hôte, j'aurais pu croire la maison inhabitée, si les éclats de votre voix ne fussent parvenus jusqu'à moi. Comme je ne suis pas tout à fait étranger à ce qui se passe céans, et que vos affaires sont à peu près les miennes, j'ose espérer que vous voudrez bien, Madame et vous, excuser ce que mon apparition peut avoir de brusque et d'imprévu.

A ces mots, il fit queques pas en avant et salua madame de Rouèvres. Fernand était toujours à la même place, debout et immobile. Assise sur le divan, Arabelle n'avait point changé d'attitude : pâle, les yeux baissés, mais sans émotion apparente, si bien que, la voyant sans peur, on l'aurait pu croire sans reproche. Entre elle et lui, le nouveau venu se tenait impassible et grave. C'était un homme qui pouvait avoir près de quarante ans. L'élégance sévère de son costume s'harmoniait avec la froide politesse de son langage et de ses manières. Quand même les lignes de sa figure n'eussent point trahi le pur sang des aïeux, ses gestes et son maintien auraient suffi pour révéler la présence d'un gentilhomme. Il était d'ailleurs impossible de lire sur le marbre de son visage ce qui s'agitait dans son cœur. Nul au monde, en le voyant ici pour la première fois, n'aurait pu raisonnablement supposer qui était cet homme, quel dessein l'amenait, quel rôle il allait jouer dans ce drame.

— Monsieur, dit enfin madame de Rouèvres, vous pouvez me tuer ; c'est votre droit, c'est votre devoir, ajouta-t-elle avec fermeté.

Entre le parti que conseillait l'égoïsme et celui que prescrivait l'honneur, M. de Peveney n'hésita point.

— Monsieur, dit-il, ce n'est qu'à moi seul que doivent s'adresser votre vengeance et votre ressentiment. Seul je suis coupable. C'est moi qui, à force de ruse et d'adresse, suis parvenu à détourner madame de Rouèvres de la ligne de ses devoirs; c'est moi qui l'attirai dans un piège, moi qui l'entraînai à sa perte. Je sais par avance tout ce que vous pouvez me dire là-dessus; ma vie vous appartient, lavez votre honneur dans mon sang.

Arabelle poussa un cri d'effroi et fit un

mouvement pour se jeter entre son amant et son mari. M. de Rouèvres l'arrêta.

— Calmez-vous, Madame ; vous aussi, Monsieur, calmez-vous, dit-il avec un imperturbable sang-froid. Nous sommes entre gens comme il faut : s'il vous plaît, nous réglerons nos comptes sans scandale et sans bruit. Veuillez donc vous asseoir et m'écouter tous deux, car il est indispensable que vous entendiez l'un et l'autre ce qu'il me reste à dire à chacun de vous en particulier.

Ce disant, il prit un siége, et se tournant vers Arabelle, sans ironie, sans morgue et sans humeur, mais avec l'aisance et le savoir-vivre que donne une longue habitude du monde, de ses lois et de ses usages :

— Madame, lui dit-il, je vais bien vous

surprendre : je ne vous tuerai pas, je m'abstiendrai de toute plainte et de tout reproche; je tiens même à savoir si je n'ai pas à vous adresser des excuses, car je m'y croirais obligé dans le cas où, par quoi que ce soit dans ma conduite, j'aurais eu le malheur de justifier la vôtre. C'est vous-même que j'en ferai juge.

A ces mots, Fernand se leva.

— Il est, dit-il, pour le moins inutile que j'assiste à ces explications ; permettez que je me retire.

— Restez, Monsieur, restez, répliqua M. de Rouèvres avec autorité. Je serai bref; dans un instant, je suis à vous.

M. de Peveney s'étant rassis, M. de Rouèvres poursuivit en ces termes :

— Peut-être, Madame, n'avez-vous pas oublié quelle était votre destinée, lorsque j'eus l'honneur de vous offrir la mienne en partage. Nos pères s'étaient connus dans l'émigration. Le vôtre ne devait vous laisser, en mourant, qu'un nom sans tache pour unique héritage. Il mourut; presqu'en même temps la révolutin de juillet envoyait dans l'exil les seuls proctecteurs qu'il vous fût permis d'invoquer. Vous étiez sans amis, sans soutien, sans fortune. Ma mère vous recueillit avec tendresse, et, plus tard, séduit par vos grâces, non moins touché du malheur de votre jeunesse, je vous priai d'accepter mon nom. Vous savez que je ne m'y hasardai qu'en tremblant. Quoique jeune encore, je n'étais plus à l'âge où l'argile dont nous sommes pétris peut se transformer au feu des passions, et recevoir une empreinte nouvelle. Dans la défiance où j'étais de moi-même, je pensai qu'avant de vous enchaîner par des liens éternels, il était de mon devoir de renseigner votre cœur et d'éclairer votre inexpérience. Je ne vous cachai rien de mes goûts, de mes idées, ni de mon caractère; j'appelai vos réflexions sur ce lien que je vous proposais de nouer; je vous exposai de quelle façon sérieuse et solennelle j'envisageais le mariage; loin de songer à séduire votre esprit par des peintures attrayantes, j'essayai de l'effrayer par la gravité des obligations mutuelles; j'allai même jusqu'à vous exagérer les charges de l'association. Je ne vous montrai pas le bonheur comme une conquête facile; mais, vous arrêtant au pied de la côte dont il est le couronnement, je vous demandai si vous vous sentiez le courage de vous appuyer sur mon bras pour aller le chercher là-haut. Quand tout fut dit, pour toute réponse vous me tendîtes votre main ; je la pris avec un religieux respect, mêlé d'amour et de reconnaissance, et m'engageai devant Dieu à vous aimer et à vous servir. En votre âme et conscience, ai-je failli à mes engagements ?

A ces mots, M. de Rouèvres s'interrompit comme pour laisser à sa femme le temps de répondre. Arabelle se tut ; il reprit :

— Vous, cependant, vous m'avez trompé. J'avais fait de vous ma compagne ; vous avez fait de moi votre maître. A la franchise et à la loyauté, vous avez préféré l'hypocrisie et le mensonge ; substituant ainsi aux vertus de l'égalité tous les vices de l'esclavage, vous vous êtes abaissée au plus lâche, au plus vil, au plus honteux des adultères. En revenant sur le passé, à présent que j'en ai la clé, j'y trouve à chaque pas les traces de vos ruses et de vos perfidies ; j'y vois par combien de détours vous avez abusé mon aveugle confiance, et je me demande avec un douloureux étonnement comment deux jeunes cœurs ont pu se soumettre à de si infâmes manœuvres ; je doute ou je m'indigne que l'amour, ce rayon de Dieu, ait pu descendre un seul instant dans cet abîme de basses trahisons. Quoi! durant des mois entiers, qui sait? durant des années peut-être, vous vous êtes joués de cet homme qui vous aimait tous deux et vous respectait à ce point qu'il eût craint de vous outrager par l'ombre d'un soupçon jaloux! Quoi! vous, jeune homme, qui me serriez la main et que j'appelais mon ami! Quoi! vous, vous, Arabelle!.... Ce qu'il est révoltant d'entendre, mais ce qu'il faut pourtant oser dire, c'est que, pour mieux me tromper sans doute, vous nous avez trompés tous deux. Si, comme je veux le croire pour l'honneur de Monsieur, vos complaisances n'étaient qu'un artifice de plus, je dois convenir, Madame, que vous jouez bien certaines comédies.

— Assez, Monsieur, assez ! s'écria M. de Peveney en se levant ; vous oubliez que vous êtes chez moi et que vous outragez une femme.

— Je comprends, répliqua M. de Rouèvres toujours avec le même sang-froid, que vous rougissiez à ces mots, vous de honte, et vous de colère ; moi-même, je sens mon cœur soulevé de dégoût. Vous me rappelez que je suis chez vous, monsieur de Peveney ; permettez-moi de vous faire observer qu'à quelque point que je m'oublie, je n'userai jamais sous votre toit d'autant de liberté que vous en avez pris sous le mien. Je n'outrage personne, Monsieur. Si les amants de nos femmes ne sont parfois que nos partenaires, est-ce à moi qu'il vous en faut plaindre? Si la plaie que je mets à nu est tellement hideuse, que ceux-là même qui l'ont ouverte s'en détournent avec horreur, est-ce moi qu'on en doit accuser? Je reviens à vous, Arabelle; je n'ai plus qu'un mot à vous dire, et, ce mot dit, je vous aurai parlé pour la dernière fois. Puisque vous avez fui lâchement comme un criminel, vous n'êtes encore à cette heure qu'une esclave échappée attendant l'arrêt de son maître. — Ce maître vous affranchit. — Il en est un autre au-dessus de tous; puisse celui-là vous absoudre!

Là-dessus, M. de Rouèvres se leva, et s'adressant à Fernand :

— Maintenant, Monsieur, à nous deux.

— Allons donc! Monsieur ; allons donc! s'écria avec l'emportement du désespoir M. de Peveney, qui ne voyait d'ailleurs que la mort qui pût le tirer de là ; finissons-en, c'est perdre trop de temps en paroles. J'ai des armes... ici, à deux pas, sans témoins.

— Monsieur, répliqua M. de Rouèvres avec calme, vous vous méprenez entièrement sur mes intentions. Je n'ai que faire de vos armes, ne voulant tuer ni être tué. Vous m'avez parlé tout à l'heure de laver mon honneur dans votre sang ; mon honneur n'est point entaché, et je souhaite que le vôtre sorte de tout ceci aussi pur que le mien. D'ailleurs, Monsieur, vous n'y songez pas ; vous oubliez que vous ne sauriez désormais sans crime disposer d'une vie qui, à compter de ce jour, devient si précieuse et si nécessaire, que moi-même je ne me permettrais pas d'y toucher. Monsieur de Peveney, ajouta-t-il en élevant la voix, écoutez ce que je suis venu vous dire. — Vous m'avez pris ma femme et vous la garderez. En usurpant mes droits, vous avez implicitement accepté l'héritage de mes devoirs. Tout l'avoir d'Arabelle était sa liberté; en la lui rendant, je suis quitte envers elle, et vous ne seriez pas gentilhomme que je craindrais encore de vous offenser en offrant à Madame le bénéfice de la loi.

A ces mots, il salua sans affectation, avec une grave politesse, et sortit aussi calme, aussi froid, que s'il se retirait d'un salon.

La chaise de poste qui l'avait amené l'attendait à la porte; il y monta, et ce ne fut qu'en entendant le bruit de la voiture qui s'éloignait au galop des chevaux, que M. de

Peveney comprit nettement toute l'horreur de sa position. Il passa la main sur son front et regarda autour de lui, comme s'il se réveillait d'un songe. Il se vit seul avec Arabelle, tous deux chargés de honte, enfermés, elle et lui, dans un cercle de fer, scellés et soudés l'un à l'autre.

Fernand de Peveney à madame de Mondeberre.

Madame,

Mon malheur passe mes prévisions; la foudre est tombée sur ma tête. Tout est brisé, l'honneur seul est debout. C'est ce fatal honneur qui me perd; c'est à ce maître cruel, inflexible et jaloux, que j'immole l'espoir de ma vie tout entière. Ne cherchez pas à soulever le voile qui vous cache ma destinée; seulement, dites-vous qu'en renonçant au bonheur que vous m'avez offert, j'ai prouvé que peut-être je le méritais; dites-vous, Madame, qu'en refusant d'entrer dans votre Éden, j'ai montré que je n'étais pas tout à fait indigne de m'asseoir à la place que deux anges m'y réservaient. Je pars. Où me conduira l'orage qui m'emporte? reviendrai-je un jour? je ne sais. Mais la terre manquera sous mes pieds avant que les sentiments de respect et d'adoration que je vous ai voués s'éteignent dans mon cœur, qui ne vit plus qu'en vous.

SECONDE PARTIE.

Fernand de Peveney à Karl Stein.

I

Que faire ? que devenir ? Plus j'envisage ma position, moins j'y vois d'issue. Qu'est-ce donc que le cœur de l'homme ? Quel est ce sentiment égoïste et cruel qui m'arrache à ce que j'aime, me lie à ce que je hais et me perd pour se sauver lui-même? Insensé et farouche honneur! j'obéis à ta loi sans mérite : je te maudis en te servant, et je t'abhorre en faisant tout pour toi.

Je t'écris hors de France. Quel voyage! Deux misérables attachés à la même chaîne, condamnés à perpétuité l'un à l'autre! On me dit que je suis en Suisse. Je ne sais; que m'importe? J'ai quitté pour jamais la patrie du bonheur. Encore, si je pouvais exhaler librement ma fureur et mon désespoir! La bête fauve mord en rugissant les barreaux de sa cage; mais moi, avec la mort dans l'âme, avec la rage dans le sang, je dois n'offrir aux regards inquiets qui m'observent qu'un visage heureux et souriant. Il faut que je respecte des susceptibilités toujours prêtes à s'effaroucher, et que je ménage un orgueil inflexible qui ne veut rien devoir à ma pitié. Est-ce un rêve? n'est-ce point la folie ? C'est l'enfer et la damnation éternelle.

Oui, l'enfer, avec le souvenir du ciel ! Comme si ce n'était pas assez des tourments que j'endure, le sentiment des félicités perdues en redouble encore l'horreur et l'amertume. J'entends la voix connue des anges qui m'appellent ; de quelque côté que je me tourne, je vois, au lointain horizon, les ombrages de Mondeberre et deux blondes têtes qui, du haut des tourelles, semblent épier l'heure de mon retour. Je suis maudit. Il y a des instants où je m'écrie que c'est impossible, que cet état ne saurait durer, qu'il est insensé de sacrifier ainsi sa vie tout entière ; mais je retombe bientôt découragé, comme le malheureux qui, en faisant le tour de son cachot, s'est assuré qu'il doit renoncer à tout espoir d'évasion.

Peux-tu bien te faire une idée du perpétuel tête-à-tête dans lequel nous traînons, Arabelle et moi, des jours qui sont autant de siècles? Comprends-tu à quel point s'est vengé cet homme? J'ai la conviction qu'avant de partir, il avait surpris ma lettre de rupture; déjà les bruits du monde avaient éveillé ses soupçons; cette lettre n'a pas été brûlée ainsi que le pense Arabelle. Quoi qu'il en soit, M. de Rouèvres doit être content de son œuvre. Il nous aurait enchaînés l'un à l'autre dans l'ardeur partagée d'une passion mutuelle, que la vengeance n'en eût été ni moins sûre, ni moins horrible. L'amour est libre et vit d'illusions : lui ôter le prisme et la liberté, c'est en faire la plus morne des réalités, le plus odieux des esclavages. C'est ce qu'a fait cet homme. Il nous a chargés à la fois de liens et d'opprobre ; en nous condamnant à vivre face à face, il a voulu que nous ne pussions désormais nous regarder l'un l'autre sans rougir. Il nous a dépouillés de tout charme et de tout prestige ; il a flétri jusqu'au passé; de deux amants il a fait deux forçats marqués par la main du bourreau. Telle est notre destinée. Nous allons sans but, au hasard, courbés sous le sentiment de notre commune déchéance, nous épuisant en vains efforts pour tromper l'ennui qui nous ronge.

Et toujours, et partout, une voix mystérieuse murmurant à mon cœur : Où vas-tu? le bonheur est là, près de moi, qui t'attend!

II.

Parfois je me révolte et m'indigne contre moi même ; je traite mes scrupules de faiblesse et de lâcheté. Est-il juste, après tout, que je porte la peine d'un égarement dont je n'ai pas été le complice ? Je me dis aussi que l'honneur ne fait pas à la haine un devoir de l'amour ; je me dis que je hais cette femme, que je ne lui dois rien que d'assurer sa destinée ; qu'elle ait donc à prendre ma fortune et qu'elle me rende ma liberté.

Ah! malheureux, plût au ciel qu'il en pût être ainsi! Que ne m'est-il permis de la racheter, cette liberté que je pleure! Je la paierais avec joie de tout ce que je possède en ce monde. J'irais vivre sous un toît de chaume, je gagnerais ma vie à la sueur de mon front, et je bénirais le Dieu qui m'aurait fait de si doux loisirs. Mais, ami, tu connais Arabelle! C'est une âme fière et superbe avec laquelle il serait insensé de vouloir entrer en arrangement. Si l'honneur me fait une loi de ne lui point retirer mon appui, de son côté l'honneur lui commande de ne rien accepter que de mon amour. Ajoute qu'elle a toutes les exigences et toutes les susceptibilités que sa situation comporte, d'autant plus ombrageuse qu'elle est préoccupée sans cesse de l'idée de sa dépendance. Je n'ai pas le droit d'être distrait ou silencieux; on commente mes regards, on mesure mes gestes, on pèse mes paroles. Qu'un nuage passe sur mon front, il s'en échappe aussitôt des orages que je dois m'efforcer de calmer. Combien de fois déjà m'a-t-elle offert, dans sa fierté blessée, de me délivrer de sa présence! C'est moi qui suis obligé de la rassurer et de la retenir. Quel amour ne faudrait-il pas pour alléger un si rude labeur! J'ai beau me dire que je suis le seul être ici-bas qui doive la juger avec quelque indulgence, j'ai beau me répéter que ce n'est point à moi qu'il appartient de la fouler aux pieds, et que c'est le moins qu'on pardonne aux erreurs de l'amour qu'on inspire; c'est plus fort que moi, je la hais. D'ailleurs, sachons que l'amour n'a rien à voir en ces sortes d'unions. N'est-il pas honteux que ce qu'il y a de plus beau sous le ciel serve de prétexte et d'excuse à de telles aberrations? Quoi! l'oubli de tous les devoirs, la folle

exaltation de la tête et des sens, les dérè_
glements d'une imagination sans frein,
l'impudeur en plein vent, l'audace effrontée
qui brave tout et que rien n'arrête, ce serait
là l'amour, cette chose de Dieu ! Non, non,
ce n'est pas ainsi que procède l'amour véritable, et c'est l'outrager que de mêler son
nom à de pareilles aventures.

III.

Hier, à la fenêtre d'une auberge où nous
étions depuis quelques heures, j'ai vu s'ar-

rêter devant la porte une chaise de poste et Gustave P*** en descendre. Tu le connais ; tu dois te souvenir de l'avoir entrevu çà et là dans le monde. J'ai couru à lui ; car, à quelque degré d'intimité qu'on soit l'un et l'autre, c'est toujours une grande joie de se rencontrer ainsi hors de la patrie commune. Il faut avoir quelque peu voyagé pour savoir quelle prompte fraternité s'établit, passé la fontière, entre gens du même pays. On se connaissait à peine sur le sol natal, on se trouve frères sur la terre étrangère. Bien donc qu'il n'eût jamais existé entre Gustave et moi que des relations simplement bienveillantes, nous nous sommes embrassés comme de vieux amis : puis, les premiers transports apaisés, il m'a pris par la main et m'a présenté à une jeune et belle personne qui se tenait auprès de lui et que je n'avais pas remarquée. Je ne le savais pas marié; je l'ai félicité de mon mieux. C'est qu'en effet sa femme est charmante : ils sont charmants tous deux. Je me suis assis à leur table, et nous avons causé. C'était la première fois, depuis six semaines, que j'échangeais librement mes sentiments et mes idées. Nous avons parlé de Paris, qu'ils ont quitté tout récemment ; en les écoutant, je me sentais renaître. Gustave ne m'a rien dit de son bonheur, mais ce bonheur rayonnait sur son front, et d'ailleurs sa jeune compagne en révélait plus par sa seule présence qu'il n'aurait pu lui-même en raconter. Ses cheveux sont blonds comme ceux d'Alice, et, quoique d'une beauté moins parfaite et moins poétique, elle m'apparaissait comme l'ombre gracieuse de la vierge de Mondeberre. Je ne sais par quel enchantement j'en vins à oublier, dans l'entretien de ces deux jeunes gens, le boulet que je traîne au pied ; toujours est-il que je l'oubliai. Je me crus libre, libre comme l'oiseau captif qui monte dans les plaines de l'air jusqu'à ce que l'oiseleur cruel tire le fil qui le fait retomber brusquement sur la terre. L'amour est généreux, le bonheur expansif : Gustave m'offrit de les accompagner, sa femme et lui, dans leurs excursions. J'acceptai étourdiment ; mais comme nous nous préparions à sortir, Arabelle entra dans la salle et vint à moi d'un air familier. Gustave reconnut madame de Rouèvres. Il comprit tout ; il salua froidement Arabelle, prit sous son bras le bras de sa femme, et je les vis tous deux disparaître au détour du sentier.

La passion a des instincts qui ne la trompent pas : Arabelle devina sur-le-champ ce qui se passait en moi ; elle en fut irritée et jalouse. Rien ne révolte plus les âmes qui vivent dans le trouble et dans le désordre que le tableau de ces chastes unions sanctifiées par l'ordre et le devoir, de même que rien n'exaspère les gens qui ne font rien comme de voir les gens qui travaillent. Arabelle essaya d'abord d'effacer dans mon cœur l'impression douloureuse ; elle voulut que le bonheur de ces deux jeunes gens pâlît et s'éclipsât devant le nôtre. Elle m'entraîna dans la montagne, et, me forçant à m'égarer avec elle sous les pins et sous les mélèzes, elle me récita, avec de nouvelles variantes, toutes les litanies de son implacable tendresse. Mais à tout ce qu'elle put dire je restai taciturne et sombre. Sa colère grondait sourdement; je me sentais moi-même au bout de ma patience. Voyant qu'elle ne réussissait même pas à me distraire, Arabelle, poussée par l'envie, arriva, par je ne sais quels perfides détours, à se railler du jeune couple qu'elle n'avait fait qu'entrevoir. Je m'indignai de l'entendre outrager l'image des félicités que j'avais répudiées pour elle : il me sembla qu'elle insultait mademoiselle de Mondeberre. Mon sang bouillonnait dans mes veines; pourtant je retenais encore la tempête déchaînée dans mon sein. Que te dirai-je ? la tempête éclata, et ce fut entre ces deux amants une scène d'emportements et de violence, telle qu'on eût dit deux ennemis près de se déchirer l'un l'autre.

Et tandis que nous échangions à voix étouffée tout ce que la haine peut aiguiser et empoisonner de paroles, tandis qu'Arabelle se meurtrissait le front, tandis que moi, sombre et rugissant, je labourais et j'ensanglantais ma poitrine : sereine et recueillie, la nature se reposait des fatigues du jour; on n'entendait que le bruit lointain des cascades; la lune radieuse planait sur la cime des monts, et je vis, à la clarté de ses rayons d'argent, Gustave et sa femme qui marchaient à pas lents, amoureusement inclinés l'un vers l'autre : la jeune épouse était suspendue au bras du jeune époux comme la vigne en fleurs aux branches de l'ormeau; tous deux se regardaient en silence et semblaient écouter le langage muet de leurs âmes.

IV

Nous étions assis l'un près de l'autre sur

un tertre, au bord d'un abîme. Le jour tombait; le site était sauvage. De noirs sapins entremêlés de hêtres prodigieux se dressaient au-dessus de nos têtes. Des quartiers de roc qu'on eût dits entassés par la main des géants, étalaient çà et là leurs masses sans verdure. Autour de nous pas un être vivant, rien qui révélât la trace d'un pas humain : vraie Thébaïde qu'eût aimée Salvator. Nous y étions arrivés à travers mille dangers, de bois en bois et de roche en roche, poussés moins par la curiosité que par l'instinct des cœurs malheureux qui se plaisent aux tableaux de la nature désolée. Au-dessous de nos pieds, un torrent mugissait dans le gouffre. Nous nous taisions. Je pensais à ma vie brisée, au bonheur perdu, à l'obstacle éternel, et, tout en songeant, je plongeais un avide regard dans l'abîme qui me fascinait. Arabelle en était si près, qu'il eût suffi d'un coup de vent pour l'y précipiter. Dieu seul nous regardait; le gouffre était sans fond. J'eus peur; je me jetai sur elle, je la pris dans mes bras, je l'emportai comme une bête fauve, et, quand je l'eus déposée sur le gazon, j'allai tomber à quelques pas, glacé d'horreur et d'épouvante.

Touchée de tant d'amour et de sollicitude, Arabelle baisa mes mains avec transport; je priai Dieu, qui lit dans les âmes, de m'absoudre et de me pardonner.

V.

Nous touchons à une crise inévitable. Quelle en sera l'issue? Je l'ignore; mais il n'est pas de chaîne qui, à force de se tendre, ne finisse par se briser. Nous en venons insensiblement à perdre vis-à-vis l'un de l'autre tout ménagement et toute retenue. Arabelle souffre; une sombre inquiétude la mine et la consume. Sa passion s'aigrit, ma patience se lasse, notre humeur s'irrite, et nos relations s'enveniment. S'il n'est pas d'amour qui puisse résister à un tête-à-tête forcé, tu peux juger quelle intimité est la nôtre. Je m'observe et me domine encore, mais il m'échappe parfois, malgré mes efforts pour les retenir, des paroles qui jaillissent comme des éclairs et jettent dans le cœur d'Arabelle de soudaines et sinistres lueurs. L'infortunée se débat sous le sentiment de la réalité qui l'étreint. L'instinct de sa destinée la presse et l'enveloppe de toutes parts. Son martyre peut s'égaler au mien.

VI.

Ce que j'avais prévu est arrivé. Le choc a été terrible; mais nous n'en sommes liés l'un à l'autre que par un nœud plus étroit et plus sûr. Ainsi parfois la foudre, dans ses effets capricieux, allie violemment les métaux le moins susceptibles de se combiner.

Dejà, depuis plusieurs jours, un orage s'amassait silencieusement dans nos cœurs. Hier soir, écrasée sous le poids de la journée (depuis la veille nous n'avions pas, je crois, échangé deux paroles), Arabelle s'était jetée sur un lit de repos, tandis que moi, debout auprès de la croisée ouverte, je m'occupais à regarder dans la cour de l'auberge deux femmes qui venaient de descendre d'une berline de voyage. L'une, à la fleur de l'âge, mais pâle et l'air souffrant, grande et mince comme un roseau, s'appuyait languissamment sur l'autre, plus âgée, qui, l'observant d'un œil inquiet, la soutenait avec amour. C'étaient sans doute une mère et sa fille. La jeune personne était si frêle et si débile, qu'elle me parut près de défaillir. A peine, en effet, eut-elle fait quelques pas, qu'elle fut obligée de s'asseoir sur un banc de pierre. Elle y demeura plusieurs minutes à reprendre ses sens. Sa mère assise auprès d'elle, la tenait appuyée sur son sein. Je les contemplais avec une vague émotion, sans chercher à me rendre compte ni du charme que j'y trouvais ni de l'attendrissement que je sentais me gagner peu à peu, quand tout à coup, à cette même fenêtre où j'étais, je vis la tête d'Arabelle se pencher auprès de la mienne. Soit que l'expression de mon visage trahît en cet instant la préoccupation de mon cœur, soit que la passion ait le don de seconde vue, soit enfin qu'Arabelle ne cherchât qu'un prétexte à ses emportements, toujours est-il qu'à son insu peut-être elle comprit mieux que moi-même ce qui se passait en moi

Elle m'arracha brusquement de la croisée, et, m'entraînant dans le fond de la chambre :
— Qu'aviez-vous donc, me demanda-t-elle, à regarder ainsi ces deux femmes? Vous caressiez, à coup sûr, une espérance ou un souvenir. — A ces mots, qui frappaient plus juste qu'elle ne le croyait sans doute, je me troublai, puis je m'irritai de voir que j'avais été surpris et deviné. En général, nous n'avons de pitié pour la jalousie que lorsque rien ne l'excuse et ne la justifie; nous pardonnons volontiers à son aveuglement, jamais à sa clairvoyance. Je répliquai avec un sentiment de colère mal contenu ; Arabelle en conclut naturellement qu'elle avait touché, sans le savoir, l'endroit sensible de mon être. Ainsi engagée, la querelle alla croissant. Ce ne fut longtemps qu'une

escarmouche de traits plus ou moins acérés, de paroles plus ou moins amères ; bientôt ce devint de part et d'autre une vraie furie. Au plus fort de la mêlée, Arabelle s'oublia jusqu'à me reprocher les sacrifices qu'elle m'avait faits ; je m'en tins d'abord à lui rappeler brutalement que ces sacrifices, je ne les avais pas sollicités. Elle persista dans ses récriminations et m'accabla de mépris et d'outrages. — Prenez garde ! m'écriai-je à plusieurs reprises ; prenez garde, Arabelle, vous jouez avec la foudre ! — Elle ne douta plus que je n'eusse un secret qui brûlait mon cœur et mes lèvres ; elle ne s'en montra que plus acharnée. — Arabelle !... m'écriai-je encore une fois d'une voix menaçante. — Parlez ! frappez ! s'écria-t-elle avec égarement. Je suis perdue, je le sais, je le sens ; ne me laissez pas plus longtemps languir. — J'essayai vainement de la calmer ; elle continua de m'aiguillonner et de me harceler avec une rage nouvelle. J'étais à bout. Il vint un instant où j'oubliai tous les engagements que j'avais pris vis-à-vis d'elle, vis-à-vis de moi-même. Comme un homme qui tient entre ses mains une arme à feu, et qui, sans le vouloir, lâche, en se débattant, le coup qui doit donner la mort, je lui déchargeai mon secret dans le cœur. J'étais fou, j'étais ivre. Aux trop faciles sacrifices qu'elle s'était imposés pour moi, j'opposai sans pitié les renoncements que je m'étais imposés pour elle ; j'abattis l'orgueil de la passion sous l'orgueil du devoir ; je racontai avec une complaisance cruelle les félicités au milieu desquelles elle était venue me surprendre, l'avenir qu'elle avait ruiné de fond en comble, les joies que j'avais abjurées pour la suivre. Tandis que je parlais, je la voyais devant moi, debout, pâle, immobile, écoutant avec la volupté du désespoir, s'abreuvant à longs traits du poison que je lui versais. Je voulais m'arrêter, mais j'étais emporté comme par des ailes de flamme. Enfin, quand j'eus tout dit, pareil au meurtrier qui s'enfuit après avoir plongé et retourné le poignard dans le flanc de sa victime, je m'élançai hors de la chambre, je traversai le village comme un insensé, et me jetai dans la montagne. Je courus longtemps sans savoir où j'allais. Un instinctif effroi me ramena auprès d'Arabelle. Je retrouvai désert l'appartement où je l'avais laissée. Je pris sur une table une lettre pliée à la hâte : c'étaient seulement quelques lignes qui me disaient un éternel adieu et me rendaient à la liberté. Ami, ce moment fut court, mais enivrant. Je poussai un cri de joie sauvage, et j'aspirai l'air à pleins poumons.

— Libre! libre enfin!

— Non, malheureux, s'écria tout à coup une voix implacable, non; tu n'as pas le droit de l'accepter, cette liberté qu'on te rend! Rattache tes fers, misérable!

La pensée est prompte comme l'éclair. Je me rappelai ce que j'avais oublié dans un transport de folle ivresse ; je me souvins que cette femme s'était fermé toutes les portes pour venir frapper à la mienne, et que, privée de moi, l'infortunée n'avait que le suicide pour refuge. Je me demandai si sa mort me serait moins lourde à porter que sa vie. En même temps ma conscience exaltée souleva contre moi toutes les tentations, tous les souhaits criminels qui s'étaient glissés, souvent à mon insu, dans les replis ténébreux de mon cœur. Ces réflexions furent si rapides, qu'en moins d'une seconde le cri de délivrance que j'avais poussé se changea brusquement en un cri d'épouvante. Je m'informai de la direction qu'avait prise Arabelle en sortant ; je me précipitai sur ses traces, La terreur, la pitié, les remords, étouffaient en moi la voix de la haine, et jusqu'au sentiment de ma propre infortune; je n'étais plus qu'un amant éploré courant après sa maîtresse infidèle. J'interrogeais tous les passants que je rencontrais sur ma route ; je prêtais l'oreille à tous les bruits ; mon regard plongeait dans tous les abîmes ; je criais le nom d'Arabelle à tous les échos. Je m'arrêtais, j'écoutais, je reprenais ma course haletante, La nuit me surprit, une nuit sombre, sans lune et sans étoiles. J'allais toujours. — Arabelle ! Arabelle ! — Rien ne me répondait que les plaintes du vent, qui me faisaient parfois tressaillir et glaçaient mon sang dans mes veines. Je venais de m'asseoir, désespéré, quand j'aperçus à peu de distance une lumière qui brillait à travers les arbres. J'y courus : des chiens aboyèrent à mon approche. C'était une pauvre cabane adossée contre la montagne. Je poussai la porte, j'entrai et je vis, près d'un feu de pommes de pin qu'on avait allumé pour la réchauffer, une femme accroupie, les cheveux épars, le visage meurtri; c'était elle. Des pâtres l'avaient recueillie demi-morte sur le bord d'un sentier. Dans ma joie de la retrouver vivante, j'allai m'agenouiller à ses pieds, je l'enlaçai de mes bras ; comme autrefois, je l'appelai des noms les plus tendres. Elle, cependant, ses grands yeux attachés sur moi avec cette fixité du regard particulière à la folie, ne répondait à mes paroles que par un doux sourire étonné, mille fois plus effrayant que les emportements de la colère. Je la crus folle, je me crus moi-même près de perdre la raison. — Parle-moi! réponds-moi! m'écriai-je avec désespoir. C'est moi, c'est Fernand qui t'aime! — A ces mots, passant une main sur son front, de l'air d'une personne qui cherche à se ressouvenir, elle resta quelques instants à m'examiner avec inquiétude; puis tout d'un coup ses traits se contractèrent, un cri terrible sortit de sa poitrine, elle s'arracha de mes bras, et tomba raide sur le carreau.

Je la relevai et la portai au grand air. Le froid de la nuit la réveilla. Je l'avais déposée sur l'herbe et je réchauffais ses mains glacées sous mes baisers. Revenue à elle, son premier mouvement fut de s'enfuir; je la retins par une étreinte passionnée. — Fernand, vous m'avez tuée, me dit-elle. Je ne vous en veux pas; seulement que n'avez-

vous parlé plus tôt ? Rien ne vous était plus aisé que de vous délivrer de moi ; mon intention n'a jamais été de m'imposer à vous, d'être une charge dans votre existence, un obstacle à votre bonheur. Je ne voulais que votre amour ; je le sentais m'échapper, mais j'espérais le ressaisir. J'ignorais qu'il fût à une autre. Vous êtes libre. Retournez vers cette fille que vous aimez, et laissez-moi mourir en paix. Soyez heureux, et que mon souvenir n'importune point votre joie.
— Elle parla longtemps ainsi, sans reproches, sans amertume, avec une résignation touchante, s'excusant d'avoir troublé ma destinée et me suppliant de lui pardonner.
—Vous vivrez ! vous vivrez ! m'écriai-je. Et je me mis à retirer une à une les flèches empoisonnées que je lui avais décochées dans le sein ; j'appliquai mes lèvres à ses blessures pour en extraire le venin mortel.

Je rétractai toutes les paroles qui m'étaient échappées quelques heures auparavant. Devait-elle en croire les révoltes et les transports d'une âme violente et d'un caractère irascible? Je m'efforçai de lui prouver que ce n'avait été qu'un jeu cruel; je m'écriai que je l'aimais, que je n'aimais qu'elle, et qu'elle était ma vie tout entière. Et, chose étrange! j'étais de bonne foi. En cherchant à l'abuser pour la sauver, comme un acteur qui, à force de chaleur et d'entraînement, arrive à s'identifier avec son rôle, et finit par se croire le personnage qu'il représente, j'étais parvenu à me tromper moi-même. J'oubliai tout et m'abandonnai naïvement aux sentiments que j'exprimais. Arabelle m'écoutait d'un air incrédule, et repoussait tous mes discours. Sa résistance acheva de m'exalter. Un instant, je m'interrompis pour la regarder à la lueur de la lune qui venait de percer les nuages. Pâle, échevelée, les mains jointes, à demi pliée sur elle-même, dans l'attitude de la Madeleine éplorée, elle était belle : je me surpris à l'admirer comme si je la voyais pour la première fois. Le silence, la nuit, la solitude, la majesté des cîmes alpestres qui servaient de cadre au tableau, cette blanche lune qui nous baignait de ses molles clartés, cette fière beauté qui voulait mourir, ces vêtements en désordre, ces sanglots étouffés, ce beau sein gonflé de larmes et de soupirs, tout fut complice du trouble de mon cœur. Je la ramenai persuadée et soumise. Mais déjà mon ivresse était dissipée, et, tandis que je la sentais à mon bras légère et joyeuse, je marchais morne et sombre, maudissant ma victoire, honteux de ma méprise, et me disant que cette femme avait été bien prompte et bien facile à se laisser convaincre.

Ne m'accuse pas, aie pitié des contradictions d'un cœur malheureux qui ne se connaît pas lui-même. Écris-moi à Milan, où nous allons passer l'hiver.

Karl Stein à Fernand de Peveney.

Je t'aime et je te plains. Je vous plains l'un et l'autre, car le sort d'Arabelle ne me semble pas moins affreux que le tien. Je plains surtout les deux aimables créatures qui, pour t'avoir ouvert leur vie comme un port, ont reçu le contre-coup de l'orage qui t'a foudroyé. C'est une pitié, c'est un meurtre d'entraîner ainsi dans les désastres de la passion des existences dont le cours n'a jamais réfléchi qu'un ciel pur et des bords paisibles.

Je ne suis préoccupé que de toi ; je sonde ta position, je la creuse en tous sens pour voir s'il ne te reste pas quelque moyen d'évasion et de fuite. Soins inutiles ! l'honneur est ton geôlier, et je ne saurais prendre sur moi de te conseiller une lâcheté. Seulement, quand je vois de pareilles extravagances envahir la place des devoirs sérieux, je ne puis m'empêcher d'en être révolté. Voilà pourtant ce qu'à force d'en exagérer l'importance, notre époque aura fait de l'amour ! Voilà le résultat de toutes ces belles doctrines qui, à force d'exalter la passion, ont attaché des poids de cent livres aux ailes de la fantaisie, et fait d'un épisode l'histoire de la vie tout entière, c'est-à-dire d'une distraction une tâche, et d'un passe-temps un martyre! Et puis nous avons la prétention d'avoir divinisé l'amour ! Il est très vrai que nos pères s'y prenaient autrement ; en aimaient-ils moins bien ? Je ne le pense pas.

Rien de nouveau dans ce Paris. Les voitures y roulent, les théâtres y jouent, et le soleil s'y lève absolument comme si tu étais le plus libre et le plus heureux des hommes. Dans ce groupe d'oisifs, de sots et de méchants qui s'appelle modestement le monde, on s'est occupé, huit jours durant, de ton aventure. Qu'a-t-on dit? que n'a-t-on pas dit ? Je te fais grâce des suppositions et des commentaires. Les uns t'ont blâmé, les autres t'ont plaint ; il s'est trouvé des gens pour envier ton bonheur. Les femmes ont été sans pitié pour Arabelle. C'était inévitable : les femmes n'ont d'indulgence entre elles que pour les faiblesses cachées ; elles redoutent le bruit comme un traître et l'éclat comme un dénonciateur. M. de Rouèvres n'a point reparu ; son hôtel est désert et fermé. On s'épuise encore à cette heure en conjectures sur sa disparition. Ceux-ci présument qu'il est allé prendre du service en Espagne ; ceux-là, qu'il voyage en Orient; d'autres, qu'il se bat en Afrique. Ce qu'il y a de certain, c'est qu'ici nul n'en sait là-dessus plus long que moi qui n'en sais rien.

Que puis-je pour toi ? Dis un mot. Mon amitié souffre de son repos et s'indigne de son impuissance.

Fernand de Peveney à Karl Stein.

Tu ne peux rien pour ma délivrance, mais tu peux me faire passer une fleur à travers les barreaux de ma fenêtre. Ami, puisque tu m'aimes et que tu m'es dévoué, aie pitié d'une fantaisie de mon cœur. Si rien ne t'empêche et ne te retient, prends la poste, et va passer quelques jours à Péveney. La lettre ci-jointe t'ouvrira la porte de mon petit manoir et t'y installera en maître. Ce voyage te plaira. Ma Bretagne, belle en toute saison, est belle surtout vers la fin de l'automne. Peut-être aussi te sera-t-il doux de connaître les lieux où j'ai vécu, de vivre où je m'étais promis de vieillir en paix au sein du bonheur. Il est impossible que tu ne trouves pas quelque charme à visiter le nid de mes rêves envolés. Le coin de terre qui nous parle d'un être aimé en dit plus à notre âme que tous les monuments consacrés par l'histoire. Quoiqu'il t'en semble, prête-toi avec bonté aux enfantillages d'un esprit chagrin. Tu dessines un peu, n'est-ce pas? Le soir, avant la tombée de la nuit, suis le chemin qui conduit à Mondeberre; rôde discrètement autour du parc; tâche d'apercevoir, par quelque éclaircie du feuillage, une jeune et blonde figure; si tu la vois, saisis ses traits au vol, fixe-les sur un feuillet de ton album. Ajoutes-y un croquis du château, et glisse le tout sous l'enveloppe d'une lettre que tu m'écriras dans ma chambre, près de la croisée, à cette même place où je t'écrivais autrefois. Achève avec la plume l'œuvre de ton crayon. Ne néglige rien, n'omets pas un détail. Que cette lettre apporte à l'exilé tous les parfums, tous les reflets, tous les échos de la patrie lointaine !

Karl Stein à Fernand de Peveney.

Je t'écris dans ta chambre, à la lueur de ta lampe, les pieds dans tes pantoufles. Mais reprenons les choses de plus loin. Tu veux des détails, en voici.

Le jour même où je reçus ta lettre qui m'enjoignait de partir, je partis. A Clisson, je me fis indiquer la route de Peveney, et me pris à suivre un sentier qui remonte le cours d'une rivière plus poétique en ses détours que ne le fut jamais le Méandre. Après deux petites heures de marche, j'aperçus, à mi-côte, dominant une riche vallée et se mirant dans le cristal de l'onde, un joli castel que je reconnus aussitôt. J'entrai par la grille du jardin, et présentai ma lettre d'introduction à tes gens. Je soupai, fis un tour de jardin, et m'allai coucher. Tes dahlias sont magnifiques, et ton vin de Bordeaux est exquis.

Le lendemain, je me levai, sinon avec l'aurore, du moins assez tôt pour ne pas laisser refroidir le déjeuner qu'on venait de servir. Une fois à table, je ne pus m'empêcher d'admirer ce que je n'avais pas songé à remarquer la veille, l'élégance du service et la perspective enchantée que m'ouvrait, en guise de fenêtre, une glace sans tain sur la vallée et sur les côteaux. J'aime à voir ainsi, par une heureuse disposition, le paysage et la salle à manger se prêter des grâces mutuelles. Les vins en ont plus de parfum, la nature en paraît plus belle. Mais elle est triste au cœur de l'hôte, l'hospitalité à laquelle il ne manque rien que la présence de celui qui la donne ; je me disais : — Que n'est-il là ! — et je me sentais près de pleurer.

Je passai cette journée à visiter ton manoir. Je devinai dans son étui de serge verte le fusil qui effraya si fort mademoiselle de Mondeberre enfant. Je restai longtemps à promener mes regards autour de la chambre où s'est noué si fatalement le nœud qui t'étouffe. Pauvre et cher garçon ! c'est-là que s'est livrée ta bataille de Waterloo. Il m'a semblé voir gisant sur le parquet les ailes mutilées de tes rêves et de tes espérances. Mais, ami, tu ne m'avais pas assez vanté les délices de ton ermitage : tout m'y ravit, si ce n'est ton absence. Puissent l'amour et le bonheur t'y ramener un jour, cher Fernand !

Sur le soir, fidèle à ma mission, je pris mes crayons, mon album, et, suivi de tes chiens, je m'enfonçai dans un sentier que je savais devoir me conduire où ton âme habite. Malheureusement, je n'avais pu calculer la distance, et la nuit descendait déjà des côteaux dans la plaine, que je n'étais point arrivé au but de mon expédition. J'entrevis le château dans l'ombre. Après avoir longé un mur d'enceinte, je trouvai cette petite porte dont tu m'as tant de fois parlé. Je me décidai à l'entr'ouvrir furtivement, non sans émotion ; mais je m'esquivai aussitôt, en entendant un bruit de pas sur les feuilles sèches.

Le lendemain, c'était hier, jour aux aventures ! Je m'étais éveillé de grand matin, avec la fervente intention de voir lever l'aurore, que je n'avais vue de ma vie que sur les toiles de l'Opéra. J'en avais lu tant de descriptions chez les poètes, que j'étais résolu à profiter de mon séjour à la campagne pour savoir une fois pour toutes, à quoi m'en tenir là-dessus. Donc, à l'aube naissante, je me jetai à bas du lit et courus à la fenêtre. Le ciel, la vallée, les côteaux, tout, jusqu'à ton jardin, nageait pêle-mêle dans un épais brouillard, et je ne distinguai dans ce chaos que ton palefrenier qui étrillait un cheval à la porte de l'écurie. Je regagnai ma couche avec empressement, et, quand je me relevai, le soleil avait conquis le ciel; de la brume qui l'enveloppait quelques heures auparavant, il ne restait qu'une blanche vapeur qui flottait sur le vallon comme une gaze transparente.

J'aime la campagne modérément. Les romanciers en ont fait un tel abus, qu'ils l'ont dépouillée, à mes yeux, de son plus doux charme. Jean-Jacques Rousseau, qui fut un grand peintre de la nature, parce qu'il aimait la nature et qu'il vivait intimement avec elle, a créé une école de rapins et de barbouilleurs qui se sont rués dans son domaine, et n'ont manqué, pour se l'approprier, que d'amour et d'intelligence. Je n'aperçois le paysage qu'à travers les fausses couleurs dont ils l'ont chargé. La brise me récite leurs mauvaises phrases, et la fauvette me chante leurs méchants vers. C'est pourquoi je n'étais pas aux champs depuis deux jours que déjà j'en avais assez. Ajoute que cette maison déserte, qui ne me parle que de toi, est un tombeau où, au bout de vingt-quatre heures, je me sentais dépérir de tristesse et d'ennui. Il me semblait que tes meubles et tes lambris, étonnés de me voir à ta place, me regardaient d'un air sournois. Après déjeuner, je me demandai avec quelque inquiétude comment j'arriverais au soir, car je ne suis pas homme à m'égarer en molles rêveries sur le bord des ruisseaux. Tandis que je me consultais sur l'emploi de ma journée, je me souvins du cheval qu'en cherchant à découvrir les coursiers de l'Aurore, j'avais vu étriller à la porte de l'écurie. J'allai le visiter. J'aime les chevaux, quoique n'en usant pas. Celui-ci, bien qu'élégant et fier, me parut doux et facile à mener. Ton palefrenier m'ayant assuré que c'était un agneau, j'eus la fantaisie de le monter et de pousser jusqu'à Clisson, que je n'avais fait qu'entrevoir. Ce fut l'affaire d'un instant. On selle, on bride Ramponneau; je mets le pied à l'étrier, et je pars, escorté de la meute joyeuse.

D'abord tout va bien. Ramponneau s'avance au pas relevé, à la fois docile et superbe. Je ne reviens pas de mon aisance; j'admire mon adresse, je me crois du sang des Lapithes ou des Centaures. Cependant, au détour du sentier, voici que maître Ramponneau, plein d'une ardeur depuis longtemps oisive, et ne reconnaissant pas le poids accoutumé, se livre à de légers exercices moins rassurants que pittoresques; ce que voyant, je n'imagine rien de mieux que de tirer à moi la bride de toute la force de mes deux poignets. Ramponneau se cabre, tourne sur lui-même, se dresse sur ses jarrets de derrière, retombe sur ses pieds de devant, et s'élance au triple galop, encore excité par les chiens qui bondissent autour de lui en aboyant comme des forcenés. Nous allons comme l'ouragan, franchissant haies, fossés et barrières. Je vois les arbres fuir comme des ombres, et le sentier se dévider comme un écheveau. C'est Mazeppa lancé dans les steppes de l'Ukraine. Enfin, après vingt minutes de course au clocher, homme et cheval, l'un portant l'autre, nous nous précipitons, par une porte ouverte, dans une cour qui retentit aussitôt des aboiements des chiens, qui s'y jettent à notre suite. C'est un abominable vacarme. Ramponneau bat le pavé, hennit et renifle : les chiens du logis que nous venons d'envahir mêlent leur voix aux concerts de ta meute, tandis que moi, toujours en selle et tout étourdi, je cherche à me remettre d'une alarme si chaude.

C'est là qu'en sont les choses, lorsque j'entends le bruit d'une fenêtre qui s'ouvre au-dessus de ma tête. Je lève les yeux et j'entrevois une figure qui disparaît pour venir à moi. C'était une femme belle encore, au noble maintien, au grave et doux visage. En l'apercevant, j'ai mis pied à terre. Elle s'avance, les traits épanouis et la bouche souriante. Je crois démêler que je suis l'objet d'une méprise. En effet, à quelques pas de moi, elle s'arrête, pâlit et se trouble. J'en fais autant de mon côté; je la salue gauchement, et nous restons à nous regarder l'un l'autre avec embarras. Je ne sais que dire ni qu'imaginer, lorsqu'en cherchant au ciel une inspiration, je découvre à travers une vitre un jeune et blond visage qui m'observe avec curiosité. C'est un éclair. Je comprends tout. Ramponneau m'a conduit à mon insu dans la cour d'un château dont tu lui as appris le chemin ; cette femme, c'est madame de Mondeberre ; ce blond visage, c'est Alice ; moi, je suis le rayon éteint d'une espérance évanouie.

Quand tout fut expliqué et que j'eus prié madame de Mondeberre d'agréer mes excuses, je voulus me retirer ; mais la châtelaine me retint. — Vous êtes l'ami de M. de Peveney, me dit-elle ; permettez que je profite du hasard qui vous a conduit près de moi. D'ailleurs, vous êtes mon prisonnier, ajouta-t-elle en souriant. — Tu penses bien que je ne résistai guère à tant de grâce et de prévenance. Je dînai au château et ne retournai à Peveney que le soir.

Ami, j'ai passé là quelques heures que je n'oublierai de ma vie. Je voudrais te parler des deux anges, mais je n'ose, car je craindrais d'irriter tes douleurs et de redoubler tes regrets. Je sens pourtant qu'il faut que je réponde à toutes les questions que m'adresse ton cœur impatient.

Mademoiselle de Mondeberre m'a paru grave, triste et fière. Elle était vêtue d'une robe de soie grise montante, pareille à une amazone, moins la jupe traînante ; la torsade d'un tablier de moire noire entourait sa taille élégante et souple ; elle portait un col blanc et plat tout uni avec des manchettes également unies et plates, relevées sur le poignet et découvrant l'aristocratique blancheur d'une main fine et alongée. Ses cheveux blonds, magnifiquement tordus et noués derrière la tête, se rabaissaient sur son front en bandeaux légèrement renflés vers les tempes. Un brodequin de coutil gris pressait son pied étroit et cambré. A la façon dont elle m'a reçu, j'ai cru comprendre que mademoiselle de Mondeberre m'en voulait secrètement de ne pas être un autre que moi-même. Elle n'a pas prononcé ton nom, et chaque fois qu'il a été question de toi, elle est restée impassible et muette. D'ailleurs madame de Mondeberre ne m'a parlé de toi qu'avec une excessive réserve ; j'y mettais moi-même une discrétion qu'il te sera bien aisé d'imaginer : de sorte que l'unique pensée de nos trois cœurs fut en apparence ce qui nous préoccupa le moins. Quand nous nous mîmes à table, je devinai le regard d'Alice qui te cherchait à ta place vide. Après dîner, M. Gaston de B... l'ayant priée de se mettre au piano, elle s'en défendit en disant qu'elle n'avait joué ni chanté depuis près de trois mois. Le cousin ayant insisté, de guerre lasse mademoiselle de Mondeberre essaya de chanter en s'accompagnant ; mais, au bout de quelques mesures, elle s'interrompit brusquement, se leva, et revint s'asseoir près de sa mère, qui la pressa contre son sein avec une expression de tendresse indicible Ce sont deux âmes qui s'entendent et se comprennent en silence.

M. de B... ayant pris à part madame de Mondeberre pour s'entretenir avec elle, je restai près d'un quart d'heure en tête à tête avec Alice. Je réussis à l'apprivoiser. Tout en causant, je feuilletais un des albums qui couvraient la table du salon ; j'y trouvai sur un coin de carton de Bristol, un petit dessin signé du nom d'Alice et représentant le château de Mondeberre vu du côté de la prairie. J'amenai doucement la belle enfant à me l'offrir comme un souvenir de la gracieuse hospitalité de sa mère, et je la priai d'accepter en échange un croquis de Decamps que j'avais dans mon portefeuille. Le reste de la soirée fut employé à visiter les lieux que j'avais appris à aimer longtemps avant de les connaître. Toutefois, je dois convenir que la fraîcheur de la soirée nuisit quelque peu à la sincérité de mes émotions.

Entre neuf et dix heures, je me retirai en compagnie de M. de B..., qui fit route avec moi jusqu'à Peveney. Quelque bien que tu m'aies écrit de ce gentilhomme un soir que tu venais de découvrir avec enthousiasme qu'il ne pouvait épouser sa cousine sous peine de bigamie, quelque estime que je fasse de lui d'ailleurs, je ne saurais pourtant m'empêcher de reconnaître que M. de B... possède un des défauts (à moins que ce ne soit une qualité) les plus antipathiques à ma froide nature. C'est un cœur banal, un esprit indiscret, une âme en plein vent. Pareils aux vases fêlés qui ne peuvent rien garder, il est des hommes dont la vie est un épanchement perpétuel ; leur confiance est à qui les écoute. En dix minutes, on fait plus de chemin dans leur intimité qu'en dix ans dans une affection véritable. Ils se livrent à tous sans discernement et s'en vont de porte en porte racontant de droite et de gauche leurs affaires et celles de leurs voisins, si bien que les connaissances d'un jour s'étonnent de jouir auprès d'eux de tous les priviléges d'une ancienne amitié, tandis que l'amitié s'indigne de se voir prostituée au premier étranger qui passe. Je n'aime pas ces hommes-là, et M. de B... en est un. Nous n'avions pas gagné le sentier du bord de l'eau qu'il m'appelait son cher ami et me prouvait que ce n'était pas un vain titre. A peine étions-nous à un quart de lieue du château qu'il s'occupait déjà de m'en dévoiler les mystères. Ainsi j'ai dû entendre tout au long l'histoire de la châtelaine depuis la mort de son mari ; sa résolution de vivre dans la retraite et d'y élever son enfant, les démarches infructueuses de sa famille pour l'en arracher, son refus constant de se remarier, tout ce gracieux poëme que je savais déjà, M. de B... me l'a chanté en prose médiocrement poétique. Cet homme n'a rien compris de ce qu'il y a de charmant dans la vie de cette chaste veuve qui s'enferme à vingt ans pour vieillir fidèle à l'époux qui n'est plus et se vouer tout entière à l'unique fruit d'un amour que la mort a fait éternel. M. de B... n'a vu dans ce veuvage obstiné qu'une bizarrerie de caractère qu'il ne se charge pas d'expliquer. Je ne sais rien de plus désenchantant que de soumettre à un examen un peu sérieux la plupart de ces hommes qu'on appelle des gens du monde. On se laisse volontiers prendre à la grâce de leurs manières ; mais qu'on s'avise de gratter la couche brillante du vernis qui les couvre, on est tout surpris de ne trouver dessous que le métal le plus vulgaire.

Pour en revenir aux indiscrétions du beau cousin, en voici quelques-unes qui t'intéresseront peut-être. Depuis deux ou trois mois, l'humeur, le caractère et la santé de mademoiselle de Mondeberre se sont visiblement altérés. M. Gaston de B..., profond observateur et merveilleux psychologiste, assure qu'il faut marier cette enfant. Il tourmente madame de Mondeberre pour qu'elle se décide à conduire sa fille dans le monde ; mais la fille ne paraît pas s'en soucier non plus que la mère. Quoi qu'il en soit, Gaston s'est mis en tête qu'il marierait sa jolie cousine. Il ne se passe point de semaine qu'il n'aille une ou deux fois au château proposer ou indiquer à madame de Mondeberre quelque nouveau parti pour Alice. Malheureusement Alice a déclaré qu'elle ne voulait pas voir l'ombre d'un prétendant, et, de son côté, madame de Mondeberre ne montre nul empressement à connaître le bois dont on fait les gendres. M. de B... ne se lasse point de revenir à la charge, bien qu'on lui réponde chaque fois : « Cousin, que voulez-vous ? nous sommes heureuses ainsi ; allez porter vos maris ailleurs. »

Ne voulant point partir sans prendre congé des deux anges, je suis retourné aujourd'hui au château. Ma visite a été courte. Il n'a guère été question de toi, mais mademoiselle de Mondeberre a caressé tes chiens et flatté de sa main l'encolure de ton cheval. Tu trouveras ci-joint, avec le dessin d'Alice, un croquis à la mine de plomb que j'ai tracé de souvenir, d'après sa personne. La ressemblance est à peine indiquée; ton cœur l'achèvera.

Bionda testa, occhi azzurri, e bruno ciglio.

J'ajoute à cet envoi un brin de bruyère rose qui s'est détaché d'un bouquet qu'en causant hier avec moi, mademoiselle de Mondeberre mordillait et broutait comme une biche. Je n'ai jamais donné pour ma part dans ces faiblesses du sentiment; mais je les respecte et les sers au besoin.

Ma mission est remplie. Je pars demain au point du jour; j'ai hâte de revoir mon ruisseau de la rue du Bac. Adieu, ami; je n'ose ni ne dois te conseiller l'espérance.

Cependant ta place est gardée, et la voix mystérieuse qui te poursuit dit vrai : Le bonheur est ici, qui t'attend.

Fernand de Peveney à Karl Stein.

I

Tu l'as vue ! elle t'a parlé ! tu as entendu sa voix ! tu as respiré l'air qu'elle respire ! tu as visité les lieux qu'elle habite ! Hélas ! il n'est que moi qui soit privé de ce bonheur. J'ai baisé ta lettre et les trésors qu'elle enfermait. Sois béni mille fois, le meilleur et le plus dévoué des amis ! Je te dois d'avoir senti tomber sur mon cœur brûlant et desséché une goutte de rosée céleste.

Nous sommes venus à Milan avec l'intention d'y passer l'hiver : l'hiver s'achève à peine, et nous partons demain. Milan est une ville française. Je ne saurais y faire un pas sans rencontrer quelque figure de connaissance. Je n'ai pas le courage d'affronter plus longtemps les regards indiscrets et les sourires équivoques. Hier, j'errais seul autour du Dôme, quand j'ai rencontré le jeune comte de G..., qui, m'ayant aperçu la veille avec madame de Rouèvres au bras, a cru devoir me complimenter : je l'aurais volontiers soufflété. Arabelle, de son côté, est exposée à rencontrer chaque jour des femmes qui se détournent en la voyant ou refusent de la reconnaître. La passion heureuse se rit de pareils outrages qui ne la touchent point; mais aussitôt qu'elle n'est plus exaltée par le sentiment du bonheur, elle en est profondément blessée. Arabelle, qui avait commencé par faire si bon marché de l'opinion, souffre et s'indigne toutes les fois qu'elle croit remarquer que l'opinion la condamne et la réprouve. Elle vit dans une irritation perpétuelle contre cette société qu'elle avait défiée de l'atteindre. Dévorée de je ne sais quel besoin posthume de considération qu'en secret elle ne me pardonne pas de ne point satisfaire, elle supporte impatiemment l'état de réclusion que notre position nous impose; elle se révolte à l'idée qu'elle n'est ni recherchée ni honorée à l'égal des autres femmes qui, n'ayant point abjuré leurs devoirs, ont conservé leurs priviléges; elle qui n'a pas été à la peine s'étonne de n'être pas à la récompense. C'est tout un nouvel ordre de douleurs, de querelles et d'humiliations que je n'avais pas soupçonnées jusqu'ici et que me réservait le séjour des cités. J'ai signifié tout d'abord à madame de Rouèvres que je ne consentirais jamais à la présenter nulle part comme ma femme, et que j'étais décidé à vivre, comme par le passé, dans une solitude absolue. De là des récriminations sans fin. A l'entendre, je la séquestre et la mets au ban du monde. Je reçus, l'autre jour, une lettre d'invitation personnelle pour un bal à la légation de France. Malgré tous mes soins pour la lui cacher, cette lettre tomba dans les mains d'Arabelle qui, se voyant frappée d'exclusion, cacha mal le dépit qu'elle en ressentait. Je m'empressai de déclarer que je n'irais point à cette fête ; mais, soit qu'elle voulût m'éprouver, soit qu'elle se piquât de générosité, elle me supplia d'y aller. Elle y mit tant d'insistance, que je m'habillai et partis. Je n'avais, à vrai dire, nulle envie d'assister à ce bal, bien que ce fût une occasion de jouer, pour une heure ou deux, à la liberté. Quand je rentrai, je retrouvai Arabelle en larmes, la jalousie au cœur, le reproche à la bouche. Ces scènes m'épuisent : j'ai perdu l'énergie sauvage qui me soutenait. Arabelle est elle-même au bout de ses forces. Elle dépérit visiblement ; ce matin, j'ai été frappé de la pâleur de son front et de l'amaigrissement de ses traits. Comme tous les malheureux qui espèrent, en changeant de lieux, changer de destinée, et croient que le bonheur les attend partout où ils ne sont pas, elle me presse de partir ; nous partons pour Venise. Adieu.

II

Il s'est trouvé que le consul de France à Venise est un M. de C..., parent et ami du comte de Rouèvres. A peine arrivés, nous avons pris, comme deux proscrits, la route de Florence, où nous nous rendons à petites journées. Notre vie est plus calme; cependant tel est l'ennui qui m'écrase, que j'en suis à regretter parfois les luttes et les emportements qui rompaient du moins la mortelle monotonie de notre tête à tête. Que sommes-nous venus chercher dans ce doux pays si bien fait pour l'amour, que c'est l'outrager que de n'y point aimer? Qu'ils s'adressent aux glaces du Nord, les infortunés qui, comme nous, promènent, en la maudissant, la chaine qui les lie l'un à l'autre! Qu'ils n'affligent pas du spectacle de leurs misères la patrie des amants heureux ! Nous traversons en silence, le cœur morne, l'œil indifférent, ces beaux lieux où tout invite aux tendresses mutuelles. Déjà sur cette terre favorisée du ciel le printemps bourgeonne et fleurit, mais nous traînons partout après nous l'hiver éternel. Nous passons, sans nous arrêter, devant les chefs-d'œuvre de l'art. Que nous font ces palais, ces statues, ces tableaux ? Les arts sont le luxe du bonheur : ils ne disent rien à nos âmes. Et cependant, qu'il pourrait être enchanté, ce voyage ! Ce matin, notre chaise a été dépassée par une voiture dans laquelle j'ai reconnu Gustave P... et sa jeune femme. Ils suivent la même route que nous dans l'ivresse de leurs fraîches amours, aux charmantes lueurs de cette suave lune qui préside aux premières joies des époux. Où m'égarent de lâches regrets? J'ai honte de ma douleur en voyant celle qui m'accompagne. Arabelle ne se plaint pas, mais une fièvre lente lui consume les os. Ses joues se creusent, ses yeux se plombent; son corps s'allanguit et s'affaisse. Elle reste des journées entières silencieuses la tête appuyée sur un coussin de la voiture; si je lui parle, elle répond avec douceur; parfois je surprends des larmes coulant sans bruit sur son visage. Est-ce là cette femme que nous avons connue belle, souriante, entourée d'hommages? Sa vie n'était qu'une longue fête; l'amitié s'empressait sur ses pas: les femmes enviaient sa beauté, les hommes se disputaient ses regards; sa fortune n'avait que des flatteurs. En comparant ce qu'elle était alors et ce qu'elle est aujourd'hui, qui ne serait touché d'une pitié profonde? S'il pouvait la voir, M. de Rouèvres se croirait trop vengé. Mon cœur s'amollit et se fond. Qui pleurera sur elle, si ce n'est moi, l'auteur de tous ses maux?

—

Si elle mourait pourtant?... Si elle mourait, c'est moi qui l'aurais tuée? En serais-je moins son meurtrier, parce qu'au lieu de l'immoler d'un seul coup, je l'aurai laissée mourir à petit feu? Pour avoir prolongé son supplice, en aurais-je moins abrégé ses jours? Pour avoir répandu son sang goutte à goutte, en aurais-je moins tari dans son sein les sources de la vie? En trouverais-je plus aisément grâce devant Dieu et devant moi-même? Si elle mourait!... Mais qu'espères-tu donc, malheureux? As-tu pensé que sa dernière heure serait l'heure de ta délivrance? T'es-tu dit qu'après l'avoir mise au tombeau, tu n'aurais plus qu'à reprendre, libre et léger, le sentier des jeunes amours! T'es-tu flatté que ta conscience ne te poursuivrait point partout et toujours comme l'ange vengeur au glaive flamboyant? T'es-tu promis de nouer de nouveaux liens sur le cercueil de ta victime? As-tu médité d'associer ton âme flétrie à une âme innocente et pure? Détrompe-toi, mon cœur. Ta chaîne est double : l'une peut se briser, mais l'autre est infrangible; elle est forgée par le remords.

III.

Ami, c'en est fait; il est temps de se conduire en homme, et puisqu'espérer est un crime, je renonce même à l'espérance. J'accepte franchement la position que je me suis faite et ne me permettrai plus une plainte ni même un regret. Arrivé à Florence, j'écrirai à madame de Mondeberre. Je lui dirai que ma destinée est accomplie et que la patrie ne me reverra plus. Alice est jeune; en supposant qu'elle soit atteinte, son âme se relèvera promptement. C'est à la blessure la plus large et la plus profonde qu'appartiennent mes soins et mes veilles. Ma place est auprès d'Arabelle, et je n'ai plus désormais d'autre tâche que de m'oublier en vue de son repos. La bonté peut suppléer l'amour ; je trouverai ma récompense dans le sentiment de mon abnégation et dans la conscience de mes sacrifices. Il est impossible qu'on ne finisse pas par aimer l'être auquel on se dévoue; du moins on aime son propre dévouement, et c'est assez.

Depuis que j'ai compris mes devoirs et que je m'y soumets sans arrière-penséé, je me sens mieux avec moi-même, et je recueille déjà les fruits de ma résolution. Je suis mort au bonheur, mais le bonheur n'est pas une condition d'existence ; c'est même une chose assez peu commune pour qu'on se résigne à ne le point avoir. Adieu donc, et pour toujours adieu, rêves charmants que je viens d'ensevelir! Adieu pour la dernière fois, jeune et gracieuse image trop longtemps caressée ! je ne me pencherai plus sur mon cœur pour vous contempler ; mes regards ne vous chercheront plus dans le ciel désert.

J'organise notre vie et travaille sérieusement à mettre un peu d'ordre dans tout ce désordre. La santé d'Arabelle m'inspire de vives inquiétudes. J'ai décidé que nous irions dresser notre tente, soit à Pise, soit dans une des petites villes qui bordent la rivière de Gênes. Nous vivrons là ignorés et paisibles. J'aurai pour Arabelle la tendresse qu'on a pour un enfant malade ; je ne désespère pas de l'amener insensiblement à prendre son amour pour le mien, ni de la voir bientôt renaître sous mes soins et sous ce doux ciel. Nous appellerons l'étude à notre aide ; nous lirons les poètes italiens ; nous aurons des fleurs, des livres et du soleil.

Pour être heureux, il ne nous manquera que le bonheur ; je veillerai à ce qu'Arabelle n'en sache rien, et moi-même je l'oublierai peut-être en assistant à sa résurrection. Je n'y arriverai pas en un jour ; j'y tendrai incessamment de tous les efforts et de toutes les facultés de mon être. Je ne me dissimule aucune des difficultés de la tâche que je m'impose ; Dieu, qui voit mes intentions, me soutiendra dans cette entreprise. Déjà je suis entré dans ma nouvelle voie, et j'y ai trouvé, dès les premiers pas, un soulagement et un contentement intérieurs que je n'espérais plus éprouver. Depuis que je n'attends rien de la destinée et que j'ai renoncé à ma part de félicités en ce monde, j'ai perdu l'exaltation fiévreuse qui me consumait et recouvré du même coup le sentiment des mille petites joies que la nature prodigue à toute heure au cœur simple qui sait en jouir. A soigner l'âme d'Arabelle, je gagne d'échapper à la mienne, et je crois entrevoir que le secret du bonheur est de ne point le chercher pour soi-même. Quand la santé d'Arabelle sera rétablie, nous voyagerons : j'essaierai d'occuper ses jours et de la distraire ; je ferai mon devoir jusqu'au bout, sans me plaindre et sans murmurer. Je rougis à présent des excès auxquels je me suis laissé entraîner. Malheureux ! je n'ai eu ni le courage d'accepter ma position, ni l'énergie de m'y soustraire : j'ai reculé en même temps devant l'honneur et devant la honte. Je sais mes faiblesses ; je les déteste et je les abjure Comment ai-je osé, par exemple, t'envoyer rôder autour de Mondeberre ? Comment, trop faible ami, t'es-tu prêté à mes lâches désirs ? Comment n'avons-nous pas compris l'un et l'autre que c'était outrager à la fois l'innocence et le malheur ? Ah ! tu l'as bien compris, toi! mais tu as étouffé, pour me complaire, les répugnances de ton cœur ; tu n'as pas craint d'immoler à ma fantaisie la droiture de ton caractère. Noble et cher ami, tu n'aurais pas dit : — Enlevons Hermione. — Tu l'aurais enlevée. Je veux, cher Karl, me montrer digne d'une amitié si belle ; je veux, en ne restant point au-dessous de mon infortune, la rendre respectable et mériter l'estime autant que la pitié. Le Fernand que tu as connu a cessé d'exister ; je commence une seconde vie en expiation de la première.

IV

Stériles regrets ! soins superflus ! réparation tardive ! Où trouverai-je la force et le courage d'écrire ce funeste récit ? Je le dois cependant, il le faut ; pour que mon châtiment soit complet et que rien ne manque à ma honte !

Depuis quelques jours, la passion d'Arabelle avait tout d'un coup changé de caractère. Ce n'était plus l'exaltation de la douleur, ni l'affaissement d'un courage épuisé, ni l'attendrissement d'une âme qui pleure et s'appitoie sur elle-même ; c'était un désespoir immobile, silencieux et sombre. J'avais remarqué ces nouveaux symptômes, je commençais de m'en alarmer, lorsqu'un matin, comme nous étions enfoncés chacun dans un coin de la voiture, abîmés chacun dans nos réflexions, je sentis une main sèche et brûlante s'appuyer brusquement sur les miennes. Je me réveillai en sursaut et me trouvai face à face avec Arabelle, qui me contemplait d'un air étrange. — Fernand, me dit-elle d'une voix calme et pourtant terrible, encore un peu de patience ! nous n'avons plus longtemps à souffrir. — Que voulez-vous dire? m'écriai-je. — Si vous me regardiez, vous me comprendriez, ajouta-t-elle en repoussant ma main avec une énergie farouche. — Je la regardai : ses yeux étaient caves, ses paupières mâchées et sanglantes ; la pâleur de sa figure reluisait sous le feu de la fièvre qui l'embrasait sans la colorer. — Vous souffrez? m'écriai-je. — Elle ne répondit que par un geste de dédain, croisa ses bras sur sa poitrine, et se tint muette dans son coin. Je ne pus, le reste du jour, lui arracher une parole ni même un regard. D'ailleurs, pas une larme, pas un sanglot, pas un soupir; inflexible comme le bronze! Cependant je sentais, j'entendais, pour ainsi dire, le travail de son âme qui minait sourdement son corps. J'observais avec terreur les rapides progrès du mal. Un sinistre pressentiment me mordit au cœur. Il me sembla que le ciel, pour me punir, allait exaucer les souhaits abominables que je lui avais parfois adressés. Je la pris dans mes bras. Elle n'essaya point de se dégager, mais elle demeura insensible sous mes étreintes. — Arabelle, m'écriai-je encore, quelle fatale pensée vous absorbe? Je vous aime et ne vis que pour vous. Mon amie, vous avez beaucoup souffert; mais ayez foi en des jours meilleurs. Vous m'avez vu souvent injuste et cruel : je veux réparer à force de soins tous les maux que je vous ai causés. Cette tâche me sera douce ; je ne vous demande que de me sourire et de ne point décourager ma tendresse. Laissez-moi croire que tout n'est pas désespéré et que je puis guérir les blessures que j'ai faites ; ne m'interdisez pas la conquête de votre bonheur. — Je lui parlai longtemps sur le même ton, d'une voix émue et d'un cœur sincère. Il me fut impossible de vaincre l'obstination de son silence ; seulement, tandis que je parlais, ses lèvres étaient agitées par un mouvement convulsif, et ses yeux brillaient d'un funeste éclat. Ne sachant qu'imaginer, je finis par attribuer cet état à l'exaltation de la fièvre, et ce redoublement de fièvre à la fatigue du voyage. La nuit tombait. J'avais hâte d'arriver à Florence; nous n'en étions plus qu'à quelques milles, lorsqu'en passant devant une *locanda* d'assez pauvre apparence, isolée sur le bord du chemin, Arabelle fit arrêter les chevaux et déclara qu'elle n'irait pas plus loin. Je lui objectai doucement qu'elle ne trouverait ici qu'un mauvais gîte, qu'elle y reposerait mal, que sa santé réclamait des ménagements, et qu'il était plus prudent et plus sage de pousser jusqu'à la ville; elle insista d'une voix impérieuse : je cédai. A peine entrée, elle refusa de rien prendre et se fit conduire dans une chambre où je la suivis. C'était une grande pièce meublée de plusieurs lits qui, rangés à la file, lui donnaient l'air d'une salle d'hospice; les murs, blanchis à la chaux, n'avaient d'autres ornements que des images de saints grossièrement enluminées; les araignées filaient leurs toiles entre les poutres noircies qui servaient de plafond. Je m'approchai d'un des lits ; les couvertures en étaient lourdes et froides, les draps humides et rudes. Bien qu'on touchât aux premiers jours du printemps, l'atmosphère de l'appartement se ressentait du voisinage des Apennins encore chargés de neige. Je demandai du bois, et, tandis qu'Arabelle se couchait, j'allumai moi-même un grand feu qu'il fallut presque aussitôt éteindre à cause de la fumée qui se répandait à flots dans la chambre. J'allai au chevet d'Arabelle. — Mon amie, vous le voyez, lui dis-je avec découragement, ce lieu serait inhabitable, même pour une personne en santé. — On n'y vivrait pas, me répondit-elle avec calme, mais on peut y mourir. — Et comme à ces mots je demeurais frappé de stupeur : — Fernand, reprit-elle d'une voix ferme, ne restez pas ici', partez. Je suis décidée à ne pas sortir vivante de cette chambre, et je sens que votre présence, au lieu de les adoucir, ne ferait qu'irriter mes derniers moments. — A l'altération de ses traits et à l'expression de son visage, je compris que ce n'était point un jeu et qu'elle parlait sérieusement. Il n'y avait pas de temps à perdre. Le postillon était encore avec ses chevaux dételés à la porte de l'hôtellerie. Je lui criai de ratteler. Je me jetai dans la voiture; au bout d'une heure, j'entrais dans Florence et j'en sortais une heure après, accompagné d'un médecin et rapportant tous les objets présumés nécessaires à l'état d'Arabelle.

Lorsqu'à mon retour je lui parlai d'un médecin, elle me signifia qu'elle ne consentirait pas à le recevoir. — Vous avez pris, dit-elle, une peine inutile : la médecine n'a rien à voir ici. Je ne demande qu'une chose, c'est qu'on me laisse mourir en repos. Mon Dieu! ajouta-t-elle d'une voix moins brève et presque émue, ma vie fut assez tourmentée, il est juste que ma mort soit tranquille. — En dépit d'elle-même, j'amenai le docteur à son chevet; mais elle ne répondit à aucune des questions qu'il lui adressa. — Monsieur, lui dit-elle enfin, vous me fatiguez en pure perte. Qu'espérez-vous comprendre à ce qui se passe sous vos yeux? Où mon mal commence, votre science finit. Ce n'est pas un corps souffrant, c'est une âme mortellement blessée qu'il faudrait guérir. Vous n'y pouvez rien. De grâce, Monsieur, laissez-moi. — Je le pris à part et l'interrogeai. — A moins, me dit-il, que mes observations ne me trompent, cette femme n'a pas quarante-huit heures à vivre. Le mal est là, ajouta-t-il en portant un doigt à son front : elle mourra d'un transport au cerveau. — Sauvez-la! m'écriai-je, sauvez-la, docteur, ma fortune est à vous, ma fortune et ma vie tout entière! — Il sourit tristement et se retira en hochant la tête. Je retournai vers Arabelle, je me jetai au pied de son lit, je m'emparai de ses mains, je les inondai de baisers et de larmes. — Qu'avez-vous? que s'est-il passé? Pourquoi désespérer de la vie, quand la vie promet d'être belle? Que vous ai-je fait? Je vous aime. Si vous mourez, je meurs avec vous. Mais, voici quelques jours à peine, vous ne parliez pas de mourir. Vous reposiez votre cœur sur le mien, vous me laissiez espérer qu'ils pourraient un jour refleurir l'un et l'autre. Qu'est-il survenu? Ai-je remué, sans le savoir, les amertumes du passé? Ai-je touché, sans m'en douter, à quelque point douloureux de votre âme? Parlez-moi, éclairez mes perceptions. Si le mal que je vous ai fait crie vengeance, imposez à mon amour une tâche : quelle qu'elle soit, je l'accomplirai. S'il vous faut mon sang, je le verserai avec joie. Mais on parle, on répond, on s'explique, on n'est pas sans pitié pour un homme qui pleure et supplie ; on dit du moins pourquoi on veut mourir !

Je roulais ma tête sur son lit, et déchirais la couverture avec mes dents, tandis qu'elle, debout sur son séant, m'examinait d'un œil implacable, et paraissait se repaître avec une joie féroce du spectacle de mes tortures.

— Monsieur de Peveney, dit-elle enfin, que penserait mademoiselle de Mondeberre, si elle vous voyait ainsi ?

A ce nom que je n'avais jamais prononcé devant elle, à ce nom qui était resté en moi comme une perle au fond de la mer orageuse, je me levai avec épouvante, et nous demeurâmes immobiles à nous regarder l'un l'autre en silence. Après avoir joui quelques instants de ma stupeur, elle me tendit froidement un papier qu'elle tenait froissé entre ses doigts. Ce papier, je le pris d'une main tremblante ; c'était ta lettre, au timbre de Clisson, datée de Peveney.

— Ecoutez-moi, lui dis-je ; quand vous m'aurez entendu, vous me jugerez, et votre jugement sera pour moi celui de Dieu.

Je m'assis auprès d'elle, sur un escabeau, et me mis à lui dévoiler dans toute sa nudité cette ténébreuse et déplorable histoire. Je ne dissimulai aucun détail. Je dis dans quelles dispositions je m'étais enfui de Paris, que j'étais las des orages de la passion moins encore que de la vie de ruses et de fourberies qu'elle traîne à sa suite. Je contai ce que j'avais souffert en la quittant, les combats que j'avais soutenus avant de me décider à déchirer son cœur; comment j'avais retrouvé mademoiselle de Mondeberre; qu'elle m'était en effet apparue comme un lointain espoir; mes remords cependant et mes hésitations toutes les fois qu'il s'était agi de rompre l'anneau qui me retenait au passé; la lutte des regrets et des espérances; la crainte de réduire au désespoir une tendresse que je me sentais dévouée; toutes mes faiblesses, toutes mes terreurs, toutes mes lâchetés, je dis tout, et enfin par quelle fatalité la lettre de rupture que j'avais écrite n'était arrivée qu'après le départ d'Arabelle. O mon ami, que le cœur de l'homme est quelque chose de misérable ! Tandis que je parlais, près de cette femme qui allait mourir, j'étais, à mon insu, préoccupé de l'arrangement de mes phrases ; je calculais, sans m'en rendre compte, les effets de mon discours ; je trouvais, sans y songer, je ne sais quel charme de rhéteur dans le développement et dans l'analyse de mes sentiments ! Quand j'eus tout dit :

— Vous savez le reste, ajoutai-je ; voici maintenant ce que je vous propose. Je n'ai pas attendu jusqu'à cette heure pour immoler en moi tout ce qui n'est pas vous. Je vous offre d'essayer d'une nouvelle vie, et de tendre, d'un commun effort, sinon vers le bonheur, du moins vers la guérison et l'apaisement de nos âmes: Nous avons beaucoup souffert, nous souffrirons encore beaucoup ; mais peut-être arriverons-nous, à force d'aide mutuelle, à ne plus regarder que comme un rêve affreux le souvenir de tant de mauvais jours.

— Je te comprends, malheureux ! s'écria-t-elle en éclatant, ce n'est pas ma mort que tu redoutes ; tu la veux, tu l'appelles, tu la demandes à Dieu ; mais, lâche que tu es, tu n'as pas le courage de m'assassiner. Tu voudrais t'y prendre de façon que je te bénisse en mourant, et pouvoir ensuite te vanter de tes sacrifices. Tu t'arrangerais volontiers des profits du meurtre, à la condition d'échapper au remords qui le suit. C'est ainsi que tu nous as tous perdus avec ton indigne faiblesse ! Je te connais enfin, mais as-tu pu croire un instant que j'accepterais la tâche que tu me proposes ? as-tu pensé que je consentirais à devenir sciemment la complice de tes trahisons, de tes parjures et de tes infamies? Va! tu me ferais horreur, si tu ne me faisais pitié.

Elle retomba épuisée sur son lit, et moi, le visage caché entre mes mains, je restai écrasé sous le poids du mépris qui venait de fondre sur ma tête. Jamais, non, jamais homme ne se sentit courbé sous plus de honte. J'essayai pourtant de me relever, non par orgueil, mais pour la sauver.

— O mon Dieu! m'écriai-je d'une voix qu'étouffaient mes larmes, je ne suis né ni lâche ni méchant. Comment, en ne cherchant que le bien, ai-je pu faire tant de mal? Ah! de quelque douleur qu'il vous ait abreuvée, Arabelle, croyez-en mon cœur, ce cœur n'est point si déchu qu'il ne puisse prétendre à se réhabiliter. Ne soyez pas plus cruelle que Dieu, qui reçoit toutes nos fautes à rançon, Vivez, ne me repoussez pas. Ce n'est plus seulement ma conscience qui vous sollicite; c'est ma tendresse qui vous presse et qui vous implore.

A ces mots, Arabelle tourna vers moi sa pâle figure.

— Que me fait votre tendresse? me dit-elle d'une voix calme. Je vois votre erreur. Vous vous êtes tellement habitué à compter sur ma folle passion, qu'il ne vous est pas même venu à l'idée que cette passion pût s'éteindre avant moi. C'est de ce point de vue que vous raisonnez encore à cette heure. Vous croyez que je vous aime et que c'est la jalousie qui me tue. Vous vous trompez, monsieur de Peveney. Il ne m'importe guère que vous aimiez ailleurs, et si je pouvais me préoccuper de la fille que vous avez choisie, ce serait, non pour l'envier, mais pour la plaindre, car je sens que vous serez fatal à tout ce que vous aimerez ; j'ai la conviction que vous porterez partout après vous tous les malheurs et tous les désespoirs que la faiblesse traîne après elle. Plût à Dieu que vous fussiez né méchant ! vous auriez été moins funeste. Je ne vous aime plus ; c'est à peine si je vous hais. Mais ce que je hais, et de toute la force que me laisse un reste de vie, c'est l'amour que j'ai eu pour vous, c'est l'égarement qui m'a jetée dans vos bras, ce sont les doctrines qui m'ont perdue. Vous avez éclairé mon cœur en le frappant, je vous dois de comprendre et d'aimer les trésors que vous m'avez ravis. N'insistez donc pas, Monsieur, pour que je vive, car nous ne sommes plus rien l'un à l'autre, et nous serons moins séparés par la mort que nous ne le serions par la vie.

Ce fut le dernier coup, ce fut le plus terrible. J'aurais pu supporter sa haine, son indifférence m'atterra. Le croirais-tu? Est-il croyable en effet que des sentiments si contraires puissent germer dans le même cœur? Cet amour que j'avais si longtemps maudit, en le perdant, mon âme se brisa.

Au bout de quelques instants, elle me pria d'approcher sa lampe, et de lui donner son nécessaire de voyage. Elle écrivit quelques lignes qu'elle me remit après en avoir cacheté l'enveloppe. — Je compte sur vous, dit-elle, pour faire parvenir ce mot à son adresse. — J'examinai machinalement la suscription; je lus le nom de M. de Rouèvres. — Et maintenant, ajouta-t-elle en croisant, en dehors du lit, ses bras sur sa poitrine, je n'ai plus besoin de vous, M. de Peveney. Je vais paraître devant Dieu;

laissez-moi le prier pour qu'il me pardonne.
Je compte sur sa bonté, car quel supplice
pourraient imaginer sa justice et sa colère,
qui ne me parût doux au sortir d'une pareille
vie ?

Je m'étais retiré dans un coin de la chambre, où je priais pour elle et pour moi. Que te dirai-je ? Au bout de quelques heures, je vis, à la lueur de la lampe qui brûlait au chevet, son visage s'enflammer, ses lèvres trembler et ses mains s'agiter au hasard, comme pour chercher à saisir les spectres que la fièvre promenait autour d'elle. Aux paroles qui lui échappèrent, je compris qu'elle était en proie au délire. Je courus à elle : l'infortunée se débattait entre les bras de la mort, en criant le nom de M. de Rouèvres. Quand vint le jour, je me réveillai sur le carreau glacé ; je me levai, Arabelle était morte, et je me souvins que son dernier cri avait été pour me maudire.

Et maintenant, tâche d'oublier que j'aie jamais existé. Tu n'entendras plus parler de moi. Mort à tout ce qui vit, je vais traîner dans la solitude les misérables restes d'une existence qu'achèveront bientôt d'épuiser le remords et le désespoir.

Arabelle a M. de Rouèvres.

Monsieur,

Votre vengeance a porté tous les fruits que vous en deviez espérer. Je meurs sur la terre étrangère, dans une chambre d'auberge, entre quatre murs nus, sans autre assistance à mon chevet que celle de l'homme qui m'a perdue, si délaissée du ciel et de la terre, que vous êtes dispensé, non-seulement de me maudire, mais aussi de me pardonner. Si je vous racontais ce que j'ai souffert, vous pâliriez d'effroi, et vos larmes couleraient malgré vous. Moi qui connais mes crimes, est-ce que je ne pleure pas, en écrivant ces mots, d'attendrissement sur moi-même? Figurez-vous que vous m'avez enfermée dans une cage de fer, avec un tigre qui, par pitié, a mis dix mois à me dévorer vivante. Ce que j'ai souffert ne saurait se dire. J'ai vidé le calice de toutes les humiliations et de toutes les amertumes ; je me suis desséchée dans la honte. Et pour que rien ne manquât à l'œuvre de mon expiation, voici que Dieu m'envoie, à l'heure suprême, une torture non encore éprouvée qui surpasse toutes les autres ! Près de se fermer à jamais, mes yeux s'ouvrent à la vraie lumière, et mon cœur, en s'éteignant, jette vers les biens qu'il a méconnus un cri d'amour et de désespoir.

1

Un soir d'hiver, les gens de Peveney, réunis pour la veillée dans une grande salle de rez-de-chaussée où ils se tenaient habituellement, s'entretenaient de leur maître absent, car, sur cette terre de Bretagne, l'absence du maître ne disperse point les serviteurs, qui, tant que la maison est debout, restent attachés au seuil désert comme le lierre aux lieux inhabités. Les uns avaient vu naître Fernand et l'avaient porté dans leurs bras ; les autres étaient nés et avaient grandi en même temps que lui, sous le même toit. Tous l'aimaient et le vénéraient. Donc, par un soir de décembre, la bise se plaignait tristement dans les longs corridors ; la Sèvres, grossie par les pluies, grondait comme un torrent au bas du côteau et faisait de ses barrages autant de cascades mugissantes. Assis autour d'un ormeau embrasé, les gens de Peveney calculaient que, depuis plus de deux ans que M. Stein était venu parmi eux, ils n'avaient pas eu de nouvelles de leur jeune maître, lorsque trois coups violents ébranlèrent la porte du manoir.

— Justice divine, c'est lui ! s'écria en se levant brusquement la vieille nourrice de Fernand, qui filait au rouet dans un coin de l'âtre.

Tous se levèrent en même temps et coururent à la grille du jardin. Une voiture de poste entra dans la cour, et un voyageur en descendit. Il était enveloppé d'un ample manteau, et les bords rabattus de son chapeau lui cachaient à moitié le visage. Il écarta en silence, mais avec autorité, les serviteurs rangés sur son passage, et gagna d'un pas brusque la salle qu'illuminait la clarté du foyer. A peine entré, il se laissa tomber sur une chaise, présenta ses pieds à la flamme, et resta muet, dans une attitude recueillie. Les gens de la maison se tenaient derrière lui et se regardaient entre eux d'un air consterné. Enfin, la nourrice lui ayant ôté doucement son chapeau, tous les assistants ne purent retenir un mouvement de douloureuse surprise en revoyant leur maître si changé.

— Jésus mon Dieu ! est-ce toi, mon enfant ? s'écria la bonne femme qui lui avait servi de mère.

Il avait vieilli de vingt ans. On aurait vainement cherché sur son visage quelques vestiges de jeunesse. Ses cheveux s'étaient éclaircis ; ses yeux étaient éteints dans leur orbite ; les pleurs avaient creusé leur sillon sur ses joues amaigries et livides.

Après avoir embrassé sa nourrice et adressé à chacun quelques paroles bienveillantes, il se retira dans son appartement, où l'on s'était empressé de tout préparer pour le recevoir. Il y vécut comme dans un tombeau, sans communication avec le dehors, indifférent à toutes choses, même au mouvement de sa maison. Il avait cessé depuis longtemps tout commerce de lettres avec Karl Stein. Ses gens avaient reçu l'ordre de ne point répandre dans le pays la nouvelle de son retour. Il passa l'hiver dans un morne affaissement. Au printemps, il s'occupa de régler ses affaires et sembla tout disposer pour un long voyage. Quelques démarches qu'il fit à cette époque donnèrent à penser autour de lui qu'il avait l'intention de réaliser sa fortune et de visiter les pays lointains. En effet, après avoir désigné celui de ses domestiques qu'il désirait emmener, il engagea les autres à se pourvoir ailleurs, ajoutant toutefois qu'il ne vendrait jamais la maison de son père, qu'il en laisserait la garde à sa nourrice, et que tous ceux qui l'avaient aimé et servi y trouveraient de tout temps un asile. Comme il désirait échapper aux discussions d'intérêt, pour lesquelles il avait moins de goût que jamais, il s'entendit avec son notaire pour qu'il ne fût procédé qu'après son départ à la vente de ses domaines.

Tout était prêt. Il ne lui restait plus qu'à dire adieu à ces beaux lieux qu'il allait quitter pour toujours. La veille du jour fixé pour son départ, il voulut voir une dernière fois les ombrages de Mondeberre. On aurait pu croire, depuis son retour, qu'il en avait oublié le chemin. Les noms d'Alice et de sa mère n'étaient pas sortis une seule fois de sa bouche : pas un mot, pas une question ; on eût dit que ce coin de terre n'avait jamais existé pour lui. Près de s'éloigner pour ne plus revenir, il ne résista pas à ce vague besoin d'émotions qui ne meurt point chez les faibles et tendres âmes. D'ailleurs il ne songeait pas à se présenter aux dames de Mondeberre. Bien qu'il n'eût pas écrit la lettre qu'il s'était promis d'envoyer de Florence, il y avait longtemps qu'il leur avait dit un éternel adieu dans son cœur. Il ignorait leur destinée et ne doutait pas qu'Alice ne fût mariée. Il voulait seulement entrevoir dans l'ombre les abords de la patrie d'où il était pour jamais exilé.

A la tombée de la nuit, il prit, comme autrefois, le sentier du bord de l'eau. Qui pourrait dire les pensées qui l'assaillirent le long de ces traînes? Ce n'était plus, comme à son premier retour, la fatigue d'une âme désabusée, mais jeune encore et prête à refleurir au premier souffle caressant; c'était le terne désespoir d'une âme flétrie par le remords, et que ne charmait même plus la poésie des souvenirs. Il marchait à pas lents et le front baissé, indifférent aux beautés de cette nature qu'il avait jadis tant aimée. Il avait tout perdu, jusqu'à la faculté de pleurer et de s'attendrir sur lui-même. Cependant ses yeux commençaient à chercher les tourelles de Mondeberre, quand tout à coup, en aspirant l'air, il reconnut le parc et le château aux senteurs qui s'en exhalaient. Ainsi les lieux où nous avons goûté le bonheur ont, comme la terre natale, un parfum qui leur est propre et qui nous saisit et nous pénètre aussitôt que nous en approchons. En effet, au détour du sentier, Fernand aperçut la masse du manoir qui se détachait sur l'azur du ciel et les panaches blancs des marronniers qui se balançaient à la lueur des étoiles. A ces aspects, il se sentit près de défaillir. Les fenêtres du salon étaient éclairées ; il demeura quelques instants devant la façade à suivre d'un regard éperdu les évolutions d'une ombre svelte et gracieuse qui se dessinait sur la mousseline des rideaux. Il eut le courage de s'arracher à cette contemplation. Il s'éloignait, lorsqu'en passant devant la petite porte du parc, il fut arrêté de nouveau par une invisible puissance. Longtemps il hésita : il crut voir gisant sur le seuil le cadavre d'Arabelle qui lui en barrait le passage. Il s'enfuit et revint sur ses pas. Bref, s'il n'eut point la force d'entrer, il en eut la faiblesse ; il entra.

Ses jambes se dérobaient sous lui et le soutenaient à peine. La soirée était trop froide et trop avancée pour qu'il pût craindre de rencontrer madame de Mondeberre ou sa fille. Il alla s'asseoir sur le banc de pierre qu'abritaient, comme autrefois, les touffes embaumées des lilas et des faux ébéniers. Il était perdu depuis près d'une heure dans un abime de réflexions, lorsqu'il entendit un bruit de voix et un frôlement de robes qui paraissaient se diriger vers lui. Il se leva, et n'eut que le temps, pour ne pas être vu, de se cacher derrière le massif de fleurs et de verdure. A la clarté bleue des étoiles, moins encore qu'au cri de son âme, il reconnut Alice et madame de Mondeberre, qui vinrent s'asseoir à sa place. Elles demeurèrent d'abord silencieuses et comme absorbées dans la contemplation mélancolique du ciel vaste et pur qui étincelait sur leurs têtes. C'était une de ces nuits plus belles que les plus beaux jours. Les haies s'égayaient dans l'ombre de mille petits cris d'oiseaux qui se caressaient dans leurs nids ; les fleurs s'ouvraient pour recevoir le pollen amoureux que leur portait la brise ; les rainettes chantaient au loin sur le bord de l'eau ; plus rapprochées, les trilles du rossignol éclataient à longs intervalles.

— Que cette nuit est belle ! dit enfin Alice d'une voix douce et triste qui fit tressaillir Fernand.

Madame de Mondeberre attira sa fille sur

son sein et l'y tint longtemps embrassée.

— Mon enfant, dit-elle après un moment de silence, en renouant sans doute un entretien fraîchement brisé, je crains que ton cousin n'ait raison. Tu sais, ma fille bien-aimée, si je voudrais jamais contrarier tes goûts et forcer tes inclinations. Tu sais aussi, unique et cher trésor, si je suis heureuse de te posséder tout entière, si ma tendresse s'effraie seulement à l'idée de céder une part de la tienne. Mais je vieillis, ma santé se perd, et je ne voudrais pas mourir sans te voir appuyée sur un cœur dévoué.

— Nous vivrons et nous mourrons ensemble, répondit Alice en se pressant contre sa mère.

— Enfant, reprit madame de Mondeberre

en passant ses mains caressantes sur les cheveux de la blonde tête ; ta vie commence à peine; c'est à moi de partir la première. Ne te révolte pas, écoute-moi patiemment, mon Alice. Il faudra bien un jour nous séparer. Te laisserai-je seule, sans appui, sur la terre? Fille de mon amour, que dirai-je à ton père lorsqu'il me demandera compte de ton bonheur ?

— Tu lui diras, ma noble mère, répondit avec orgueil mademoiselle de Mondeberre, que tu m'as enseigné, moins par tes leçons que par ton exemple, à chérir et à honorer sa mémoire. Tu lui diras que tu n'as vécu que pour moi seule, et que tu m'as élevée dans l'amour du beau et de l'honnête. Tu lui diras que tu m'as fait un cœur à l'image du tien.

— O mon enfant! s'écria la veuve d'une

voix émue, tu ne vois pas que cette tendresse passionnée que tu me rends m'abreuve en même temps de délices et d'amertume. Par fois je me reproche d'absorber à mon profit ta destinée, qui pourrait être belle ; souvent je m'interroge avec effroi. Ma fille, es-tu sûre que ta jeunesse n'élèvera jamais la voix pour me maudire ? Es-tu sûre que tu ne m'accuseras pas un jour de t'avoir ensevelie dans ma solitude et associée à mon veuvage ?

— Tais-toi, tais-toi, ma mère !

Et deux ombres, penchées l'une vers l'autre, mêlèrent en silence leurs pleurs et leurs baisers.

— Écoute, dit Alice en s'agenouillant sur le gazon aux pieds de madame de Mondeberre ; tu m'aimes, n'est-ce pas, et tu ne veux pas m'affliger ? Eh bien ! ma résolution est arrêtée depuis longtemps. Ce n'est pas d'un caprice d'enfant qu'il s'agit, mais d'une volonté calme, sérieuse, réfléchie. Je ne veux pas me marier. Tous les hommes que Gaston s'est obstiné à nous présenter m'ont paru vains, ou sots, ou laids. Qu'il n'en soit plus question entre nous. Je ne sais rien du monde et n'en veux rien savoir. Je sens qu'il n'a rien qui te vaille. Je suis heureuse auprès de toi. Pourquoi changerais-je un sort si doux pour courir les chances d'un bonheur incertain que je ne rêve ni n'appelle? Aimons-nous et continuons de vivre comme par le passé. Je n'ai pas une autre ambition.

— Va, je sais bien que tu n'es pas heureuse! murmura madame de Mondeberre avec une expression de tristesse ineffable.

Alice appuya son front sur les genoux de sa mère, et ne répondit pas.

Cependant la brise fraîchissait, et déjà des gouttes de rosée brillaient à la pointe des herbes. Madame de Mondeberre s'éloigna, appuyée sur le bras d'Alice. Lorsqu'elles eurent disparu et qu'il n'entendit plus le bruit de leurs pas, M. de Peveney, plus pâle que la lune qui blanchissait le sable des allées, plus tremblant que les feuilles qu'agitait le vent, sortit du massif de lilas et vint tomber sur le banc de pierre. La tête cachée entre ses mains et se répétant à lui-même les paroles qu'il venait d'entendre, il caressait depuis quelques instants, avec une lâche complaisance, l'idée qu'Alice n'était point mariée; il y trouvait à son insu un sentiment de joie égoïste et cruelle, quand tout à coup il s'enfuit, comme s'il avait surpris une vipère se glissant furtivement dans son cœur. Il traversa le parc au pas de course; dans son trouble, il s'égara. Au lieu de gagner le bord de la rivière, il rabattit sur le château. Il s'arrêta pour le regarder une dernière fois, puis il reprit sa course en se dirigeant vers la Sèvres ; il était près d'en toucher la rive, lorsqu'au tournant d'une allée couverte, il se rencontra face à face avec Alice et madame de Mondeberre.

Il y eut de part et d'autre un mouvement d'hésitation que rien ne saurait exprimer. Mademoiselle de Mondeberre seule ne témoigna point de surprise ; elle demeura grave et immobile au bras de sa mère. Avant qu'aucun mot eût été prononcé, M. de Peveney s'approcha et prit une main de madame de Mondeberre, qu'il pressa contre son cœur sans oser la porter à ses lèvres ; puis il s'inclina devant Alice, qui demeura impassible et muette. Cela fait, après quelques paroles insignifiantes échangées sans suite entre Fernand et la châtelaine, ils prirent tous trois le chemin du château.

Ce n'était pas seulement l'émotion et l'étonnement qui tenaient ainsi madame de Mondeberre froide et réservée. Bien qu'Alice n'eût jamais révélé le secret du mal qui la consumait, madame de Mondeberre savait mieux qu'Alice elle-même ce qui se passait dans ce jeune cœur. Elle avait assisté pendant près de trois ans au drame le plus douloureux que puisse contempler une mère, et quoiqu'elle n'eût point d'accusation directe à diriger contre M. de Peveney, cependant, par lui et à cause de lui, cette femme avait tant souffert dans son enfant, qu'elle n'avait pu s'empêcher de nourrir contre ce jeune homme un profond sentiment d'amertume, ni se défendre, en le revoyant, d'un instinctif mouvement de terreur. Sa première impression avait été toute d'épouvante, et, encore à cette heure, l'âme agitée de sombres pressentiments, elle serrait contre son sein le bras de sa fille, comme si elle craignait qu'on ne voulût la lui enlever. Tels étaient les motifs de l'accueil glacé que recevait Fernand. Chez madame de Mondeberre, c'étaient la tendresse et l'orgueil maternels blessés du même coup et saignant en silence ; c'était chez Alice une réserve naturelle jointe à la fierté de l'amour méconnu. Chargé de honte et de remords, M. de Peveney les suivait machinalement, sans chercher à se rendre compte du charme fatal qui l'enchaînait à leurs pas.

Ils entrèrent ainsi dans le salon ; mais lorsqu'à la lueur de la lampe madame de Mondeberre et sa fille virent les traits dévastés de ce malheureux jeune homme, lorsque

Fernand, de son côté, aperçut quels ravages ces trois années avait exercés sur le front d'Alice et sur la figure de sa mère, alors les âmes se fondirent, les cœurs éclatèrent, et l'on n'entendit que des larmes et des sanglots. Aucune explication ne troubla cette scène d'épanchements silencieux. On parla peu ; il n'y eut pas une question d'échangée ; seulement on s'observait avec attendrissement, et quand vint l'heure de se séparer, trois mains se cherchèrent et se réunirent dans une seule et même étreinte. Durant toute la dernière partie de cette soirée, M. de Peveney avait apaisé les rebellions de sa conscience en lui criant qu'il partirait le lendemain et que cette entrevue était la dernière. Cependant il se retira sans avoir eu le courage d'annoncer aux dames de Mondeberre qu'il ne devait plus les revoir.

Rentré chez lui, il employa le reste de la nuit à s'occuper des derniers préparatifs de son départ. Au matin, il écrivit à madame de Mondeberre pour lui dire le suprême adieu. A huit heures, les chevaux de poste qu'il avait fait commander la veille arrivèrent. En entendant claquer le fouet du postillon, il ouvrit une fenêtre et vit ses serviteurs groupés autour de la chaise qu'on était en train d'atteler. Fernand fut consterné. Depuis son retour de Mondeberre, il s'était flatté confusément que cette heure n'arriverait jamais, et qu'il surviendrait nécessairement un obstacle imprévu qui l'empêcherait de partir. Il chercha s'il n'avait rien oublié : rien! tout était prêt. Le sort en était jeté. M. de Peveney descendit dans la cour, embrassa sa nourrice, donna ses dernières instructions à ses gens, et remit à l'un d'eux la lettre qu'il venait d'écrire. Il ne lui restait plus qu'à monter dans sa chaise, lorsqu'en l'examinant, il découvrit qu'elle avait besoin de réparations, que les ressorts en étaient fatigués, qu'elle n'avait pas été visitée depuis plus de trois ans; et qu'enfin il ne serait ni prudent ni sage de s'y embarquer pour un si long voyage avant qu'elle eût passé par les mains de son carrossier. Il consulta les assistants, et s'y prit de telle sorte que tous s'empressèrent de se ranger de son avis, et que le postillon lui-même, après avoir reçu son pour-boire, déclara que la voiture n'était pas en état de courir deux postes sans voler en éclats. Fernand reprit sa lettre à madame de Mondeberre, et donna des ordres pour qu'on déchargeât la chaise et qu'on l'envoyât en radoub à Nantes. Ainsi son départ se trouva retardé de plus d'une semaine. Le cœur de l'homme est plein de ruses et de lâches détours. M. de Peveney parut vivement contrarié de ce retard et ne se gêna point pour en témoigner son humeur, convaincu et de bonne foi, c'est-à-dire assez fin et assez habile pour avoir réussi à se tromper lui-même.

Il n'est pas de position plus propice à l'ennui que celle d'un homme qui, ayant tout arrangé pour son départ et prêt à monter en voiture, se voit arrêté par quelque empêchement imprévu. Jusqu'au moment où l'on pourra partir, on ne sait que devenir ni comment employer le temps. On se trouve sous le coup d'un désœuvrement que rien ne saurait occuper ni distraire. On n'a plus sous la main les objets qu'on aimait. Disposée pour l'absence, la maison est un tombeau où l'on erre comme une ombre en peine. On n'est plus chez soi, et pourtant l'on n'est pas ailleurs. On supporte d'autant moins patiemment le poids des heures oisives qu'on s'était préparé par avance au mouvement et aux distractions du voyage C'est là du moins ce qui arriva pour M. de Peveney. Il n'eut pas atteint le milieu de la journée, qu'il se sentit pris d'une impatience fiévreuse et d'un besoin d'agitation qu'il ne sut comment satisfaire. Il se décida à monter son cheval, dont il n'avait pu consentir à se débarrasser. Une fois en selle, où aller? Peu lui importait. Il lâcha la bride au coursier, qui, fidèle à ses anciennes habitudes, le conduisit droit à Mondeherre.

Cette fois encore, M. de Peveney capitula avec sa conscience. Songeait-il à renouer des relations à jamais brisées? sa résolution n'était-elle pas irrévocablement arrêtée? ne devait-il pas, sous peu de jours, s'éloigner pour ne plus revenir ? D'ailleurs, il n'était plus temps de retourner en arrière. Déjà Ramponneau battait le pavé de la cour du château, et une fenêtre venait de s'entr'ouvrir pour laisser passer la tête d'Alice.

Cette entrevue différa de celle de la veille en ce que les cœurs s'y montrèrent moins silencieux et plus à l'aise. On ne toucha ni au passé ni à l'avenir ; on se complut de part et d'autre dans la mélancolie de l'heure présente. On s'entretint longuement de la visite de Karl Stein. Fernand parla de ses voyages avec un sentiment de tristesse qui, aux yeux de mademoiselle de Mondeberre, le revêtit d'un prestige de plus. Madame de Mondeberre le retint à dîner. Il s'en défendit d'abord ; puis, il se dit qu'ayant dû partir le matin, il manquerait de tout à son gîte. Gaston se présenta sur le soir. En revoyant M. de Peveney, dont le souvenir ne l'avait pas occupé six minutes en trois ans, il témoigna une joie bruyante et l'embrassa avec effusion. Sur ces entrefaites, arrivèrent deux ou trois gentilshommes du voisinage. La conversation s'engagea. A cette époque, la politique agitait fort les esprits en Bretagne. On discuta les questions du jour. Indifférent d'abord à ce qui se disait autour de lui, Fernand en vint bientôt à se mêler à l'entretien. Il finit par s'y oublier et par goûter à cette discussion d'intérêts positifs un charme qui lui parut tout nouveau. Au choc des idées, il sentit se réveiller et vibrer dans sa poitrine les nobles instincts que le trouble des passions y avait longtemps étouffés, l'amour de la patrie, la haine de l'injustice, le culte de la vérité, l'enthousiasme qu'allume chez les âmes bien nées toute action grande et généreuse. Il comprit qu'il est pour l'ambition de l'homme des luttes belles et fécondes. Il se retrempa aux réalités de la vie ; comme le géant de la fable, en touchant la terre, il retrouva ses forces.

Rentré chez lui, M. de Peveney brûla la lettre d'éternel adieu qu'il avait écrite le matin à madame de Mondeberre, et le lendemain il trouva un prétexte qui lui fit une obligation de retourner le soir au château. Il en est des âmes aux prises avec la douleur comme du chêne et du roseau battus par le vent de la tempête ; où les fortes se raidissent et succombent, les faibles plient et se relèvent. Ainsi, Fernand subissait déjà des influences amollissantes. Il était toujours décidé à partir, et n'imaginait pas que le remords qui le consumait dût jamais s'apaiser ni s'éteindre. Il s'interdisait tout espoir et continuait de se regarder comme retranché du nombre des vivants. Toutefois, il ne partait pas ; les impressions terribles s'effaçaient chaque jour, et ses facultés de souffrir, usées déjà par la solitude, achevaient de s'amortir dans l'atmosphère des douces relations. Quoique dans un avenir encore lointain, on pouvait croire sa guérison d'autant plus probable, que, la jugeant lui-même impossible, il ne faisait rien pour y résister. Un soir, en rentrant, il aperçut dans la cour sa chaise réparée et garantie jusqu'au bout du monde. Il donna des ordres pour qu'on la remisât, et le lendemain il écrivit à son notaire pour lui enjoindre d'ajourner la mise en vente de ses propriétés.

Cependant la vie du château avait pris une face nouvelle. Mademoiselle de Mondeberre se relevait comme un beau lis. L'éclat de la jeunesse et de la santé reparaissait peu à peu sur ses joues ; l'azur de ses yeux s'était éclairci ; son corps avait retrouvé cette démarche souple et légère que donnent la joie et le bonheur. Après avoir grandi dans la solitude et s'être développé dans l'absence, l'amour de cette enfant venait de se changer en une passion exaltée et profonde. Comment aurait-il pu en arriver autrement? Ce jeune homme qui avait disparu tout d'un coup comme emporté par un orage, et qui revenait, après trois ans d'une vie errante, pâle et souffrant, mystérieux et sombre, réunissait toutes les conditions nécessaires pour frapper vivement une âme de vingt ans, déjà depuis longtemps éprise. Alice n'échappa point aux poétiques séductions du malheur : son imagination acheva ce que son cœur avait commencé.

Il n'en fut pas ainsi de madame de Mondeberre, qui observait d'un œil à la fois inquiet et charmé les changements qui s'opéraient sur le front et dans l'humeur d'Alice ; sa prudente sollicitude ne s'en alarmait pas moins que sa tendresse ne s'en réjouissait. Pleine de confiance dans la loyauté de M. de Peveney, ce jeune homme pourtant la troublait malgré elle. Que savait-elle de son passé ? que pouvait-elle présumer de ses sentiments ? Devait-elle, par une lâche complaisance, encourager une intimité qui pouvait ruiner de fond en comble la destinée, déjà trop compromise, d'une fille adorée ? Elle éprouvait, depuis le retour de Fernand, un inexplicable malaise, et parfois son âme frissonnait sous de vagues pressentiments. Après avoir vainement attendu qu'il déclarât ses intentions, madame de Mondeberre se décida sans efforts à prendre elle-même l'initiative, un soir qu'ils marchaient tous deux dans une allée du parc.

— Monsieur de Peveney, lui dit-elle, je vais vous parler avec une franchise à laquelle je vous ai depuis longtemps habitué, et qui ne messied pas, j'en ai la conviction, à la noblesse de votre caractère. Je n'hésite pas plus à vous confier mes scrupules et mes terreurs que je n'hésitai, voici bientôt trois ans, à vous révéler mes rêves et mes espérances. Vous m'avez déjà entendue. Vous comprenez que votre présence ici ne saurait être indifférente, et que si vous ne pouvez rien pour mon bonheur, vous me devez de ne rien ôter à mon repos. Sans doute il m'en coûtera de vous perdre ; mais, quelque rigoureux que m'apparaisse le sacrifice, je me résignerai plus aisément à vous pleurer toute ma vie qu'à vous maudire seulement une heure. Décidez donc vous-même de la nature des relations qui doivent désormais exister entre nous. C'est vous seul que j'en ferai juge. Je ne sais rien de votre passé et j'en respecte le mystère. Vous avez souffert, et mon cœur vous absout. Pour le reste, je m'en repose sur votre probité, vous estimant assez pour ne pas craindre d'affirmer devant Dieu que vous êtes incapable de prétendre à un titre dont vous vous sentiriez indigne.

Ces paroles éclairèrent M. de Peveney sur le véritable état de son cœur et l'amenèrent forcément à s'expliquer avec lui-même. Ainsi accusée, la position était claire et nette. Pris au dépourvu, Fernand ne devait plus songer à s'esquiver par d'hypocrites détours. Toutes les issues étaient fermées ; impossible d'éluder plus longtemps la conclusion qui lui était si loyalement offerte. Son premier mouvement fut d'obéir au cri de sa conscience et de se condamner à un exil éternel ; mais il n'était pas homme à trancher d'un seul coup le nœud de sa destinée. Il s'agissait pour lui de rompre le dernier lien qui le rattachât à la vie ; il recula devant l'énormité du sacrifice ; du moins il voulut voir, avant de s'immoler, s'il ne lui restait pas quelque moyen honnête de composer avec son passé et de transiger avec ses remords.

— Madame, répondit-il, la sagesse et la bonté s'expriment par votre bouche. Je vous admire autant que je vous aime. Si je ne cédais qu'à la voix de mon cœur, je serais déjà à vos pieds ; mais j'ai traversé tant de mauvais jours, mon âme en est encore si remplie de trouble et d'effroi, qu'avant d'accepter le bonheur, je vous dois d'examiner si j'en suis digne. Si demain je ne reviens pas, pleurez sur moi, madame, car je vous aurai vue ce soir pour la dernière fois. Si je reviens ouvrez les bras à votre fils.

— Allez, mon enfant, ajouta madame de Mondeberre avec mélancolie; si vous ne revenez pas, ce n'est pas seulement sur vous que mes larmes devront couler.

Fernand passa la nuit qui suivit ce court entretien dans une agitation qu'il est aisé d'imaginer. Il descendit impitoyablement en lui-même; ce qu'il y vit de plus clair; c'est qu'il aimait mademoiselle de Mondeberre. L'amour est ingénieux et fécond en ressources de toute nature. Après s'être laissé outrager par l'ombre irritée d'Arabelle, M. de Peveney se laissa doucement attirer par l'image souriante d'Alice. Il alla d'abord de l'une à l'autre, ne sachant à laquelle des deux se rendre : il finit par s'abandonner insensiblement sur la pente des espérances. Il déploya un art infini à grouper tous les raisonnements qui pouvaient l'excuser à ses propres yeux.

N'avait-il pas assez souffert? le châtiment n'avait-il pas dépassé la faute? devait-il sacrifier sa vie tout entière à un passé irréparable? Après s'être attendri sur lui-même, il s'attendrit sur mademoiselle de Mondeberre. Il se demanda avec sévérité s'il pouvait se regarder comme dégagé de toute réparation envers cette enfant dont il avait si fatalement entamé la destinée? Était-il juste de soumettre au martyre de l'expiation cette virginale beauté? fallait-il entraîner dans le naufrage de la passion cette âme chaste et pure qui n'avait jamais cherché les orages? Et madame de Mondeberre, ne lui devait-il rien? Cette femme si noble et si généreuse, cette mère si tendre et si dévouée, la condamnerait-il à voir la jeunesse de sa fille pâlir et se consumer dans les larmes? Toutes les réflexions qu'il aurait dû faire trois ans auparavant, il les fit à cette heure. Il érigea ses penchants en devoirs pour s'y livrer sans remords. Il déplaça sa conscience, qui devint ainsi complice de son cœur. Puis il appela à son aide Karl Stein, avec qui, depuis quelques semaines, il avait renoué les relations long-temps interrompues. Il relut toutes les lettres qu'il avait reçues de lui en dernier lieu. Elles respiraient toutes une affectueuse et saine raison. Toutes conseillaient à M. de Peveney de se préserver des exagérations du désespoir et d'attendre patiemment le retour des jours meilleurs. Fernand y chercha des encouragements; il amollit le sens des phrases; il y trouva tout ce qu'il voulut y trouver. Enfin il se dit qu'il n'était pas question d'un mariage brusque et précipité, qu'il s'agissait seulement de s'engager dans l'avenir, et que d'ici là les teintes funèbres achèveraient de s'effacer.

C'était une âme faible, noble pourtant.

Lorsqu'après une nuit de luttes et de combats intérieurs, il se fut décidé à retourner à Mondeberre, Fernand se demanda si, en fin de compte, il était véritablement digne du bonheur qu'il allait accepter. A cette question, il se troubla; et tous les scrupules qu'il était parvenu à étouffer revinrent l'assaillir en foule; seulement, au lieu d'Arabelle, c'était Alice, cette fois qu'il craignait d'outrager. Était-ce bien à lui qu'il appartenait de cueillir cette fleur d'amour, de grâce et de jeunesse? Était-ce dans un cœur dévasté qu'elle devait achever de s'épanouir? N'allait-il pas abuser de la confiance de madame de Mondeberre et surprendre sa religion? Dans son effroi, il se décida au seul parti qui convînt à un honnête homme : il résolut de soumettre son passé à madame de Mondeberre et de ne prendre pour juge qu'elle-même.

Ce fut dans cette louable intention qu'il se rendit au château. Madame de Mondeberre attendait seule dans le parc l'heure qui devait couronner ou ruiner à jamais son espoir. Alice ne se doutait de rien. En apercevant M. de Peveney, madame de Mondeberre dissimula mal un mouvement de joie que ne put réprimer entièrement sa dignité de femme et de mère. Elle ne vit et ne comprit qu'une chose : c'est que le retour de Fernand lui présageait le bonheur de sa fille. En se trouvant vis-à-vis d'elle, ce jeune homme n'osa pas d'abord troubler la douce sécurité que sa présence avait fait naître ; il laissa l'illusion grandir et se développer au point qu'il eût été cruel de la désabuser ; puis enfin, lorsqu'il s'y décida, il recula devant l'impossibilité d'un aveu qu'il avait de loin jugé si facile. C'est qu'en effet pour ouvrir un pareil cœur et pour en étaler sans pitié les plaies et les infirmités, il n'eût pas fallu une volonté faible, non plus qu'un médiocre courage. Et c'était à madame de Mondeberre, à cette âme droite qui n'avait jamais fléchi, à cette chaste imagination qui n'avait pas touché, même du bout des ailes, aux fanges de la vie ; c'était à cette honnête et immaculée créature que Fernand s'était promis de confier le triste roman qui venait de clore sa jeunesse ! C'était madame de Mondeberre, la sainte femme, la noble veuve, la tendre mère, qu'il s'était proposé de promener dans les détours tortueux d'un abîme où lui-même ne plongeait ses regards qu'avec épouvante ! Qu'aurait-elle pu comprendre à toutes ces misères ? Elle aurait refusé d'y croire, ou s'en serait éloignée avec un sentiment de pitié mêlé de dégoût. Ce qui devait arriver arriva. M. de Peveney faillit une fois encore à sa résolution. Il éluda l'épreuve à laquelle il devait se soumettre, et comme il s'était engagé par sa seule présence et qu'il n'était déjà plus temps de retourner sur ses pas, il s'abandonna cette fois encore au courant de sa molle nature.

Après qu'il eut expliqué nettement ses prétentions à la main d'Alice : — Mon enfant, lui dit madame de Mondeberre d'une voix émue. vous savez que depuis longtemps je vous ai donné ce nom. Puisque vous l'acceptez, c'est que vous en êtes digne. Vous réalisez ainsi le plus doux rêve de ma vie ; vous exaucez en même temps les derniers souhaits de votre père. Cependant il vous reste encore à gagner le cœur de ma fille : essayez, mes vœux sont pour vous, et je ne demande qu'à reposer mes regards sur le tableau de vos amours mutuels. Alice ne m'a rien dit de ses sentiments ; je ne l'ai point entretenue de mes espérances ; puissent nos deux âmes, déjà si étroitement unies, achever de se mêler et de se fondre dans la vôtre !

Cette journée s'écoula dans une douce intimité. Alice n'était point dans le secret de son bonheur, mais elle en avait comme un confus pressentiment. Elle observait avec inquiétude je ne sais quoi d'inusité sur la figure de sa mère et dans l'attitude de Fernand ; elle voyait avec émoi leurs regards se rencontrer et se sourire, et lorsque M. de Peveney se fut retiré après lui avoir baisé la main pour la première fois, elle pâlit, se troubla et s'échappa, éperdue et tremblante.

Cette nuit ne fut guère plus calme pour Fernand que ne l'avait été la nuit précédente. Il était dans la nature irrésolue de ce jeune homme de tout gâter et de ne savoir jouir de rien. Il y avait en lui, comme chez la plupart des hommes, deux êtres, ennemis acharnés, qui combattaient sans paix ni trêve; et comme le vaincu insultait toujours au vainqueur, de quelque côté que penchât la balance, il se trouvait que la joie du triomphe était toujours empoisonnée par les clameurs de la défaite. Ainsi, à peine fut-il sorti du château, qu'il eut à essuyer les cris et les reproches de sa conscience révoltée. Heureusement il avait l'expérience de ces rébellions, et n'ignorait pas comment on les apaise. Il chercha dans son amour la justification de sa faiblesse, et, comme pour achever de s'absoudre, il répondit solennellement à Dieu du bonheur et de la destinée d'Alice.

Cette lutte fut la dernière. Il avait fait à ses scrupules et à ses remords la part assez large, assez belle. Le temps était venu d'en finir avec le passé; Fernand le précipita dans l'éternel oubli, comme un navire qu'on coule à fond, ou comme un cadavre qu'on jette à la mer ; puis, par un de ces brusques mouvements de résolution que parfois la passion imprime aux esprits les moins résolus, il s'élança, libre et joyeux, vers les félicités que lui promettait l'avenir. Ce fut en lui une soudaine et complète transfiguration. Il sentit la jeunesse affluer à flots pressés dans son sein, et, dans l'ivresse de son être régénéré, il poussa vers le ciel un cri d'amour et de bénédiction. Heureux, heureux enfin, il touchait au port ; il apercevait les rivages enchantés et paisibles vers lesquels il avait toujours soupiré ! Du haut de la rude montagne qu'il venait de gravir, il saluait avec des transports pleins de larmes Mondeberre, qui lui apparaissait comme une terre promise, couverte de fruits et de fleurs.

Il ne s'était pas couché de la nuit. Il ouvrit sa fenêtre, s'appuya sur le balcon et regarda le jour se lever. Regarde-le, jeune homme infortuné, ce jour radieux et pur qui se lève sur tes espérances. Savoure à longs traits cet air énivrant qui t'inonde. Double, triple les facultés qui te restent pour le bonheur. Ne repousse aucune des sensations que t'apporte le vent du matin ; laisse la brise rafraîchir ton front et l'illusion caresser ton âme. Hâte-toi de vivre, hâte-toi d'aimer! La nature est immortelle, mais l'homme n'a pas même un jour.

Après avoir vu le soleil monter à l'horizon, Fernand, épuisé par tant d'émotions, se jeta tout habillé sur son lit; il s'assoupit dans la joie de son cœur, et cependant il fit un rêve étrange. Il rêva qu'il était couché vivant dans un cercueil de plomb et que, sous le couvercle à demi soulevé, il voyait une jeune et belle fille, aux cheveux d'or, aux yeux d'azur, qui le regardait en souriant et lui tendait la main en disant : — Ami, lève-toi ! — Mais toutes les fois qu'il essayait de se lever et de prendre la blanche main, le couvercle de plomb retombait sur son front et lui meurtrissait le visage. Il luttait depuis près d'une heure contre cet horrible cauchemar, quand il se réveilla en sursaut et sauta à bas de son lit. La porte de sa chambre venait de s'ouvrir, et il se trouva face à face avec un personnage qu'il connaissait trop bien. Fernand pensa d'abord qu'il n'était pas bien éveillé, et que c'était la suite de son rêve. Il fit deux pas en arrière ; l'étranger en fit deux en avant, puis ils restèrent à se regarder l'un l'autre. Cet homme était si changé, que M. de Peve-

ney, au premier abord, le devina plutôt
qu'il ne le reconnut. Son teint avait bruni ;
son front s'était bronzé ; sa barbe longue,
épaisse et noire, contribuait à donner à ses
yeux une expression sauvage et farouche.
Toutefois, il n'y avait dans son attitude,
comme dans son costume, rien que de simple, de grave et de sévère.

— Monsieur, dit-il enfin, voici deux ans
que je vous cherche.

— Je l'ignorais, Monsieur, répliqua Fernand d'une voix altérée, mais calme.

— Vous êtes, Monsieur, un trop galant
homme, reprit le comte de Rouèvres, pour
que mon apparition ait rien qui vous doive
surprendre. Vous n'ignoriez pas que tôt ou
tard nous nous reverrions à coup sûr. Ce-

pendant, s'il était besoin de vous expliquer quel sujet m'amène pour la deuxième fois chez vous, je m'y résignerais volontiers.

— Je vous comprends, Monsieur, reprit M. de Peveney. Je dois convenir pourtant que je m'attendais peu à l'honneur de votre visite. Je croyais nos comptes réglés depuis longtemps ; en consultant mon cœur, je vous croyais suffisamment vengé.

— Suffisamment vengé! s'écria M. de Rouèvres en réprimant aussitôt un mouvement de sombre courroux. Si, après avoir consulté votre cœur, vous voulez prendre la peine d'interroger le mien, vous comprendrez, Monsieur, reprit-il avec sang-froid, que vous vous êtes singulièrement abusé. Daignez m'écouter ; ce sera l'affaire d'un instant.

— Veuillez vous asseoir, dit M. de Peveney en lui indiquant un siége.

— C'est inutile, répliqua M. de Rouèvres ; je serai bref. Ce que j'ai à vous raconter, vous le savez d'ailleurs mieux que moi-même. Vous m'avez arraché le cœur, vous l'avez foulé sous vos pieds ; vous avez perdu mon âme, vous y avez étouffé la foi, la confiance et l'amour, pour y substituer le désespoir, la colère et la haine. Vous m'avez fait méchant, cruel et solitaire. Me voici vieux, brisé avant l'âge, mort à tout ce qui rend la vie supportable, et ne vivant plus que de ce qui tue. Vous cependant, vous êtes jeune et libre. Un jour, et ce jour n'est peut-être pas loin, vous vous emparerez de tous les biens que vous m'avez ravis. Vous aurez une femme aimée, et vous oublierez dans ses bras le drame épouvantable dont vous aurez été le triste héros. La famille vous comblera de ses bienfaits ; vous vieillirez doucement, honoré et respecté, au sein du bonheur. Et je serais suffisamment vengé ! Mais, Monsieur, vous n'y pensez pas, ajouta-t-il en étreignant de sa main le bras de Fernand ; vous ne savez donc pas ce que j'ai souffert ! vous ne savez donc pas ce que je souffre encore ! Si je pouvais vous ouvrir ma poitrine, vous y verriez les tourments de l'enfer. Suffisamment vengé ! Dites, Monsieur, parlez, était-ce de vous que je me vengeais, lorsque l'infortunée dont j'avais cloué l'amour à votre indifférence, se débattait comme un corps plein de vie qu'on aurait lié à un cadavre? Était-ce vous que je frappais lorsqu'elle séchait dans les larmes et dans la honte ? Est-ce pour racheter vos égarements qu'elle est morte loin de la patrie, dans une salle d'auberge, sans autre pitié que la vôtre ?

Comment n'avez-vous pas compris que vous n'étiez alors que l'instrument de ma vengeance, et que je chercherais à le briser, cet instrument fatal, à partir du jour où il aurait consommé son œuvre? Vous m'avez servi à souhait, monsieur de Peveney. Je n'oserais même pas affirmer que vous n'êtes point allé au-de à de mes espérances. Quoi qu'il en soit, c'est à votre tour maintenant.

— Avez-vous des armes? demanda Fernand d'une voix ferme.

— Oui.

— Un témoin?

— Un ami m'accompagne.

M. de Peveney se souvint que Gaston se trouvait dans le voisinage. Il l'envoya quérir, et, en l'attendant, il écrivit à la hâte ses dernières dispositions. M. de B... arriva Après lui avoir expliqué en deux mots de quoi il s'agissait :

— Gaston, lui dit-il, si je suis tué, vous direz à madame de Mondeberre que ma dernière pensée a été pour elle.

Cela dit, tous deux montèrent dans la chaise de M. de Rouèvres, qui leur en fit les honneurs avec politesse. La voiture partit au galop des chevaux, et, sur l'indication de Gaston, après avoir suivi quelques instants le bord de la Sèvres, elle tourna le côteau pour s'enfoncer dans un sentier qui se perdait sous un bois de chênes.

II

Quelques heures après le lever du soleil, de lourdes vapeurs s'étaient amassées au couchant et avaient fini par se condenser en nuées épaisses qui envahissaient peu à peu l'horizon, et se détachaient comme une chaîne de montagnes sur l'azur embrasé du ciel. La nature semblait frappée de stupeur et d'immobilité. Pas un cri, pas un tressaillement, pas un souffle. Les feuilles languissaient dans l'air stagnant; les oiseaux se taisaient; les fleurs endolories se penchaient sur leurs tiges.

Madame de Mondeberre et sa fille se tenaient assises sur le bord d'une pièce d'eau située à l'extrémité du parc, petit lac ombragé de saules, qu'alimentait le cours habilement détourné de la Sèvres, et qu'animaient les évolutions de deux cygnes. Alice était inquiète, agitée ; sa mère l'observait avec complaisance, et se plaisait à prolonger ce trouble et ce malaise dont elle avait le secret dans son cœur et la guérison sous la main. Après avoir causé de toute chose, excepté de celle qui les préoccupait toutes deux, madame de Mondeberre sut adroitement amener l'entretien sur un terrain qu'Alice n'abordait jamais sans humeur et sans impatience. Après l'y avoir attirée par d'insensibles détours :

— Mon enfant, ajouta-t-elle, au risque de t'irriter, et dussé-je passer à tes yeux pour la plus prêcheuse des mères, j'en reviens à dire que ton cousin Gaston a raison. Il n'est pas juste, il n'est pas convenable qu'une belle et charmante fille comme mon Alice ensevelisse dans la solitude les plus belles années de sa jeunesse. Toute âme ici-bas a ses destinées à remplir; nulle ne saurait s'y dérober sans faillir à la mission qu'elle a reçue de Dieu.

— Quelles destinées? quelle mission? répondit Alice avec vivacité. Dieu ne m'a donné d'autre mission que de t'aimer et de le servir.

— Oui, tu es une fille adorable! s'écria madame de Mondeberre avec effusion; mais, chère enfant, cela ne suffit pas. Il est des devoirs, des joies et même des douleurs auxquels toute créature doit se soumettre sous peine de manquer à sa destination. Aimer, se dévouer et souffrir, c'est, mon enfant, la commune loi.

— Aimer? dit Alice; est-ce que je ne t'aime pas? Se dévouer? est-ce ma faute, si tu m'as fait le dévouement si facile? Souffrir?...

A ce mot, elle s'interrompit et n'acheva pas; son jeune sein se souleva, et deux larmes brillèrent au bout de ses longs cils.

— Tiens, ma mère, reprit-elle presque aussitôt, laissons là toutes ces subtilités auxquelles je n'entends rien. Je vois seulement où tu veux en venir. Je ne m'irrite pas de ton insistauce, parce que rien de toi ne saurait m'irriter; mais si tu veux que je te le dise, mon cœur en gémit, et ma tendresse s'en alarme. Mon amour t'est donc à charge, que tu es si impatiente de le partager? Elle te pèse donc bien, cette vie à deux qui me paraît, à moi, si légère? Va, tu n'es qu'une ingrate qui ne sait pas aimer! ajouta-t-elle en s'abandonnant avec une molle résistance aux bras caressants qui s'empressèrent de l'enlacer.

— Allons, pardonne-moi, dit madame de Mondeberre. Après tout, je ne demande et ne cherche que ton bonheur. Puisque tu es heureuse ainsi, et que ton cœur n'aspire pas à des félicités plus grandes, je ne te tourmenterai plus. Je t'avoue pourtant qu'il me souriait d'être grand'mère et de bercer mes petits enfants. Et puis il s'offrait un parti qui me semblait devoir te convenir. Tu ne veux pas ; qu'il n'en soit plus question.

— Encore quelque fat que t'aura proposé

cet impitoyable Gaston? répliqua l'enfant d'un air dédaigneux et mutin.

— Mais non, reprit madame de Mondeberre; celui-là n'est pas un fat, et s'est bien proposé lui-même. Je dois même ajouter que je n'ai pas osé prendre sur moi de le décourager tout d'abord, car j'avais cru remarquer que tu le recevais sans trop de déplaisir.

— Je le connais, ma mère? s'écria la jeune fille, qui sentit tout son sang lui monter au visage.

— Tu le connais un peu, dit madame de Mondeberre; c'est un gentilhomme de nos voisins que je tiens en grande estime, et à qui j'aurais confié sans hésiter le bonheur de ma fille adorée.

Alice regarda sa mère, qni souriait avec amour et paraissait appeler sur les lèvres tremblantes de l'enfant le nom qui n'osait point s'échapper de son cœur. Elle hésita; en moins d'une seconde, ses joues pâlirent et se colorèrent du plus vif incarnat. Elle doutait, elle hésitait encore.

— C'est lui ! s'écria-t-elle enfin en tombant tout en pleurs sur le sein maternel, lorsque madame de Mondeberrre lui ouvrit ses bras.

En cet instant, la détonation de deux coups de feu retentit au loin. Ce bruit éveillait toujours dans le cœur de madame de Mondeberre de lugubres échos : elle frissonna; mais ce ne fut qu'une impression presque insaisissable qui se perdit bien vite dans la joie des épanchements et des confidences mutuelles. Qui pourrait dire l'ivresse de ces deux âmes qui, après trois années de souffrances silencieuses, après avoir, durant trois ans, tendu en secret vers le même but, touchaient enfin à la réalisation de leurs rêves et se rencontraient dans un même sentiment de bonheur? Il est si doux de revenir à deux sur les douleurs du passé, lorsque le présent nous sourit et que l'avenir est plein de promesses! Il est si charmant de se confier l'un à l'autre ce qu'on a pleuré, ce qu'on a souffert, quand les mauvais jours sont finis, et que la vie n'est plus qu'une fête!

Alice et madame de Mondeberre étaient restées assises au bord de l'eau. De la place qu'elles occupaient, elles pouvaient voir, à travers la ramée, la petite porte du parc. Il y avait plus d'une heure qu'elles étaient là, s'oubliant en projets enchantés, allant tour à tour et sans se lasser des jours écoulés aux jours à venir, s'emparant de la vie et la disposant à leur gré, quand tout-à-coup la porte du parc s'ouvrit pour donner passage à deux hommes de la campagne qui portaient à bras un lit de feuillage sur lequel gisait un corps inanimé. En apercevant à travers les branches le funèbre convoi qui s'avançait lentement, madame de Mondeberre et sa fille se levèrent, et, s'en étant approchées, elle reconnurent M. de Peveney, qu'on rapportait mortellement blessé. A cause de la proximité, Gaston avait jugé convenable de faire transporter Fernand au château, tandis qu'il allait, lui, au galop de son cheval, chercher à la ville voisine des secours, hélas! inutiles.

Quand on l'eut déposé sur le gazon, Alice et madame de Mondeberre virent sa poitrine trouée et sanglante. Elles s'étaient agenouillées chacune d'un côté du brancard : l'une, froide et immobile comme ces statues de marbre qui veillent au pied des tombeaux; l'autre, laissant son cœur éclater en sanglots.

— Mon fils! mon enfant! disait madame de Mondeberre en le baignant de pleurs.

Alice ne pleurait pas. Elle pencha son visage sur le front de son pâle fiancé

— Ami de mon cœur, entends-moi! lui dit-elle. Je t'aime, je t'ai toujours aimé. Je n'étais qu'une enfant que je t'aimais déjà. Tu vas emporter ma vie tout entière. Mon amant! mon époux! jeune et cher compagnon de mes belles années! je te dis adieu, doux espoir! Je ne sais si je te survivrai;

mais si je te survis, mon Fernand, ce sera pour porter ton deuil et pour chérir éternellement ta mémoire.

— Hélas ! murmura Fernand, vous me faites mourir deux fois.

Il ne put en dire davantage.

Il tourna tour à tour vers chacune de ces deux femmes un regard mourant que l'amour animait encore; puis, au bout de quelques instants, une main dans la main d'Alice, l'autre dans celle de sa mère, il expira.

— Ah! ma fille ! ma fille infortunée! s'écria madame de Mondeberre en se jetant sur Alice.

— Veuve comme toi, je vivrai comme toi, ma mère.

Et la noble enfant appliqua ses lèvres sur la main glacée de l'amant qu'à la face du ciel elle venait d'épouser dans son cœur

FIN.

Sceaux. — Impr. de E. Dépée.

ROMANS
DE MADAME LA COMTESSE DASH.

	vol.	fr. c.
Le Jeu de la Reine	2 in-8	15 »
Madame Louise de France.	1 in-8	7 50
L'Écran.	1 in-8	7 50
Madame de la Sablière.	1 in-8	7 50
La Chaîne d'or.	1 in-8	7 50
Le Fruit défendu.	4 in-8	30 »
La Marquise de Parabère	2 in-8	15 »
Les Bals masqués.	2 in-8	15 »
Le Comte de Sombreuil	2 in-8	15 »
Le Château de Pinon.	2 in-8	15 »

Sous presse :

LA PRINCESSE DE CONTI,
Par Mme la comtesse DASH. — 2 vol. in-8.

—

JACQUES DE BRANCION,
Par le Marquis DE FOUDRAS. — 2 vol. in-8.

—

OR ET FER,
Par Félix PYAT — 2 volumes in-8.

—

LES GROTESQUES,
Par Th. GAUTHIER — 2 vol. in-8.

—

GASTON,
Par Jules SANDEAU. — 2 vol. in-8

www.ingramcontent.com/pod-product-compliance
Lightning Source LLC
Chambersburg PA
CBHW060328170426
43202CB00014B/2706